Borkum

Ein illustriertes Reisehandbuch

Jan Schröter

Edition Temmen

Die Deutsche Bibliothek - CIP-Einheitsaufnahme
Borkum : ein illustriertes Reisehandbuch / Jan Schröter. -
Bremen : Ed. Temmen, 1995
ISBN 3-86108-416-3
NE: Schröter, Jan

Karte Nachsatz: Nieders. Landesvermessungsamt Hannover
Wir danken für die Abdruckgenehmigung.
Umschlagabbildung: Hans Kolde, Juist

Bildnachweis:
Altonaer Museum, Hamburg: S. 16; Foto Akkermann, Borkum: S. 20, 21, 33, 45,
55; Friedrich van Freeden, Juist: S. 71; Tourist-Information Emden: S. 86, 87, 90;
Karl-Eberhard Heers, Oldenburg: S. 60, 63; Hans Kolde, Juist: S. 12f., 26f., 40f.,
48f.; Hero Lang, Bremerhaven: S. 25, 39; Peter Meyer, Bremen: S. 4, 84f.; Danie-
la Müller, Worpswede: S. 93, 94; Nationalpark-Verwaltung Nieders. Wattenmeer,
Wilhelmshaven: S. 56; Ostfriesische Landschaft, Aurich: S. 19, 22, 23, 81; Paul
Schild, Norderney: S. 53, 66, 99; Verlag Schuster, Leer: S. 17; Kurverwaltung
Spiekeroog: S. 50, 68, 96f., 101; Soltau-Kurier-Norden, Martin Stromann: S. 14,
18, 29, 30f., 34, 37, 38, 44, 47, 54, 58, 69, 73, 75, 77, 83, 92, 105; Verlagsarchiv:
S. 9; Kunsthalle Emden, G.A. Wrede: S. 89

© bei Edition Temmen
Hohenlohestr. 21 - 28209 Bremen
Tel.: 0421-344280/341727 - Fax 0421-348094
Alle Rechte vorbehalten.
Herstellung: Edition Temmen

ISBN 3-86108-416-3

Inhalt

Borkum – die Ferienoase mit Hochseeklima

»2000 Jahre Inselgeschichte« feierte man 1993 auf Borkum. Natürlich läßt sich das exakte Alter der Insel ebensowenig bestimmen wie die damalige Form des einst beträchtlich größeren Eilands, aber die Heimatverbundenheit der Borkumer spiegelt dieser zelebrierte Zeitraum allemal wider. Die Liebe zu der mit 36 Quadratkilometern größten ostfriesischen Insel ist jedoch nicht bloß eine Passion der Einheimischen. Wer einmal am gesunden Hochseeklima schnupperte, einen Teil der insgesamt 120 Kilometer langen Wanderwege entlangspazierte oder – eingelullt vom Meeresrauschen – den Tag in einem der bunten Strandzelte verdöst hat, beginnt diese Liebe zu teilen. Mancher kann dann nicht mehr von der Insel lassen: Zu den etwa 6000 Einheimischen kommen noch etliche »Insulaner auf Zeit«, die hier einen Zweitwohnsitz erworben haben.

»Un koom' wi dann up Börkem, dor stecken se een mit Förken (Und kommen wir dann noch Borkum, stechen sie einen mit Heugabeln)«, behauptet ein alter, vielzitierter Matrosenreim über die Gastfreundschaft der Borkumer. Ob das jemals zutraf, bleibt dahingestellt. Heute jedenfalls sind Gäste willkommen. Mit dem Fremdenverkehr hat man auf Borkum langjährige Erfahrung. Bereits um 1850 bereisten die ersten Badegäste die Insel. Ihre Anreise vom Festland dauerte allerdings nicht selten mehr als 18 Stunden – was heutzutage angesichts des mit 70 km/h von Emden nach Borkum flitzenden High-Tech-Katamarans MS »Nordlicht« (Fahrtzeit: 60 Minuten) kaum denkbar erscheint.

So bietet Borkum dem Gast Inselurlaub auf hoher See, ohne daß die Anreise wertvolle Ferientage kostet. Genug Zeit also, sportlich aktiv zu sein, sich vom Kurangebot verwöhnen zu lassen und die Besonderheiten der Ferienoase Borkum zu entdecken.

9

Von der Bohneninsel zur Badeinsel

»Armes Volk auf hohen Erdhügeln«

Wer während der letzten Eiszeit von der Höhe Borkums aus zum Strand wollte, hatte eine ausgedehnte Reise vor sich. Vor 12 000 Jahren verlief die Küstenlinie auf einer Höhe zwischen Skagerrak und Newcastle, hunderte von Kilometern vor dem heutigen Ufer. Großbritannien ließ sich trockenen Fußes erreichen, und nördlich der Doggerbank lagen die Mündungen von Elbe und Themse in trauter Nachbarschaft zueinander. Keine idealen Bedingungen für Borkumer Badekuren also, was allerdings niemanden störte – zu dieser Zeit existierte das Eiland noch nicht, ebensowenig wie die ostfriesischen Nachbarinseln.

Nach dem Ende der Eiszeit senkte sich der Boden, die Nordsee flutete an die heutige Küstenlinie heran und begrub unter ihren Wassermassen zunächst auch den Teil des Festlandes, der sich auf dem späteren Areal Borkums befand. Doch was Wind und Wellen genommen hatten, bauten sie im Falle Borkums langsam wieder auf. An der Abbruchkante zwischen seichtem Watt und tieferem Meeresboden bildeten Ablagerungen von Sandpartikeln und Schlick eine Sandbank. Als diese Barriere schließlich die mittlere Hochwassermarke überragte, übernahm der Wind die Rolle des Landschaftsarchitekten. Er blies Dünenketten auf und wehte die Samen des Strandhafers und anderer Pflanzen herbei, deren hartnäckige Wurzeln die fragilen Sandgebilde festigten. Die Form der Insel änderte sich im Verlauf der Jahrhunderte noch oft, aber ihre Existenz trotzte von nun an erfolgreich den Stürmen der Nordsee.

Auf Dauer bleibt kaum ein Landstrich menschenleer. Wann die Sandbank zu einer bewohnten Insel avancierte, ist nicht mehr zu klären. Das Leben der ersten Siedler auf den Sandbollwerken vor der rauhen ostfriesischen Küste wird in frühesten Zeiten nicht allzu bequem gewesen sein. Zwischen ihrem Lebensstandard und dem der Römer, die noch vor Beginn der christlichen Zeitrechnung Expeditionen über die Nordsee schickten, lagen Welten. Strabo (63 v.Chr.-ca. 28 n.Chr.), griechischer Geograph und Geschichtsschreiber in römischen Diensten, berichtet von der Besetzung einer in der Emsmündung gelegenen Insel namens »Burchana« durch den Feldherrn Drusus im Jahre 12 v.Chr. Auch Plinius der Ältere (23-79 n.Chr.) betätigte sich als lokaler Chronist und beschreibt, daß die der ostfriesischen Küste vorgelagerten Inseln den römischen Soldaten »durch ihre Waffen bekannt wurden« und erwähnt, die Insel »Borcana« werde von den Truppen wegen ihres »Reichtums an wildwachsenden Hülsenfrüchten *Fabaria* (Bohneninsel) genannt.« Ein offenbar wenig beeindruckender Reichtum, denn weitere Beschreibungen Plinius' lassen ahnen, daß der zivilisationsverwöhnte Bürger Roms – seinerzeit wohl bedeutendste Stadt der westlichen Welt – angesichts der unkomfortablen Verhältnisse auf den Inseln einen regelrechten Kulturschock erlitt: »Dort bewohnt ein beklagenswert armes Volk hohe Erdhügel, die man so hoch aufgeworfen hat, wie erfahrungsgemäß die höchste Flut steigt. In den darauf errichteten Hütten gleichen sie Seefahrern, wenn das Meer das Land ringsumher überflutet, und Schiffbrüchigen, wenn das Wasser zurückgeflutet ist. Um die Hütten herum fangen sie die Fische, die mit dem Meer zurückfliehen. Diese Menschen können kein Vieh halten und sich nicht wie ihre Nachbarn von Milch ernähren. Aus Schilf und Binsen flechten sie Stricke für ihre Netze. Und mit ihren Händen formen sie den Schlamm und lassen ihn an der Sonne trocknen. Darauf kochen sie ihre Speisen und wärmen daran ihre vom Nordwind erstarrten Glieder. Zum Trinken haben sie nur das Regenwasser, das sie in Gruben am Vorplatz ihrer Häuser aufbewahren. Wenn diese Menschen nun aber vom römischen Volk besiegt werden, dann reden sie von Sklaverei.«

Dieser letzte Satz zeugt vom völligen Unverständnis des Römers für die Lebensumstände der Ostfriesen, die ihr sicher einfaches, aber freies Dasein dem Joch einer Fremdherrschaft vorzogen.

Für ihre Freiheit kämpften die Ostfriesen unerbittlich. Das bekamen sogar die gefürchteten Wikinger zu spüren, die im 9. Jahrhundert mehrfach die Nordseeküste überfielen und zeitweise sogar Teilgebiete längere Zeit beherrschten. In einer legendenumwitterten, vermutlich bei Norden ausgetragenen Schlacht wurden die Eindringlinge von den Friesen jedoch endgültig vertrieben.

Um die Jahrtausendwende herum revolutionierte der Deichbau das Leben an der Nordseeküste. Vorher schützten die exponiert im Bereich von Ebbe und Flut lebenden Einheimischen ihren Besitz und sich selbst individuell durch die Anlage der Warften, die schon Plinius kopfschüttelnd zur Kenntnis genommen hatte. Ein Deich, der als Bollwerk gegen die Flut ganze Ländereien schützen sollte, ließ sich nur als Gemeinschaftswerk bauen. Tiefgreifende gesellschaftliche Veränderungen waren die Folge. Hatte es vorher in Friesland wie auch in anderen Gegenden Freie, Halbfreie und Unfreie gegeben, brachte der Einsatz beim Deichbau den Mitgliedern aller Stände die persönliche Freiheit. »Gott schuf das Meer, der Friese die Küste«, lautet ein Wahlspruch, der diese Leistung kommentiert. Doch wer letzten Endes bei der Uferliniengestaltung der maßgeblichere Architekt blieb, sollten die Inselbewohner bald bemerken.

Das heutige Borkum war damals Teil der sehr viel größeren Insel Bant, deren Gebiet bis Norderney reichte. Gewaltige Sturmfluten zerschlugen Bant in mehrere Teile. Bis 1743 existierte sogar noch ein kleines Inselchen namens Bant, dann schluckte die Nordsee auch diesen verbliebenen Rest.

Zur Zeit der Kreuzzüge rückte Borkum wieder in den Blickpunkt der Geschichte. 1227 sammelte sich die Flotte der friesischen Kreuzfahrer vor Borkum zum fünften Kreuzzug unter Friedrich II. (1194-1250). Der Staufer konnte mit den Kampfgenossen von der Nordseeküste zufrieden sein. Schließlich gelang es ihm mit ihrer Hilfe, sich 1229 zum König von Jerusalem krönen zu lassen.

Auch zum siebten Kreuzzug unter Ludwig IX. (1214-1270) sammelten sich wieder friesische Schiffe vor Borkum, doch diesmal stand das Unternehmen unter einem unglücklichen Stern. Widrige Winde hielten die Flotte volle drei Wochen vor der Insel fest, und die Mannschaften hätten besser daran getan, gleich in der Heimat zu bleiben. Vor Tunis erlag Ludwig wie die Mehrzahl seiner Truppen rasch ausbrechenden Seuchen.

Während der sogenannten »Häuptlingszeit« (um 1350-1464) war Ostfriesland in die Machtbereiche diverser Lokalfürsten zersplittert. Borkum gehörte zeitweise zum Lehen des mächtigen Widzel tom Brok. Unter dessen Protektion richtete sich der berüchtigte Seeräuber Klaus Störtebeker seinen Stützpunkt in Marienhafe ein, ebenso angeblich ein Versteck auf Borkum (siehe auch das Kapitel »Als Störtebeker nach Ostfriesland kam«).

Das 16. Jahrhundert war europaweit geprägt von den Glaubenskriegen zwi-

Borkum aus der Luft, von Osten aus gesehen

schen Katholiken und Reformierten. Auf Borkum hielt die Reformation um 1554 Einzug, ähnlich wie bei den niederländischen Nachbarn, bei denen die Religionskonflikte in der Folge eskalierten. Philipp II., König von Spanien, Süditalien und den Niederlanden, begann als fanatischer Anhänger des Papstes gegen den in den Niederlanden bereits dominierenden Protestantismus militä-

Das Große Kaap

risch vorzugehen. Im Sommer 1567 rückten die Truppen seines Vasallen Herzog Alba nach Norden vor. Noch ehe Alba die Niederlande erreichte, flohen zahlreiche Einheimische. Weitere folgten nach der Besetzung, um dem Terror des neuen Regimes zu entgehen. Der Exodus rollte. Zwischen Mai und Oktober 1567 emigrierten etwa 120 000 Niederländer.

Nicht alle wanderten aus. Etliche schlugen zurück, an der Spitze die von den Spaniern gefürchteten »Wassergeusen«. Die Bezeichnung »Geuse«, eine Ableitung des französischen »gueux« (Bettler), kam auf, weil Mitglieder des niederen, nicht allzu wohlhabenden Adels den Kampfbund gründeten. Aus dem eher abfällig gemeinten Wort wurde schnell ein Ehrentitel, der sich später auf alle Teilnehmer des niederländischen Aufstands übertrug. Borkum wurde zum Stützpunkt einer Wassergeusenflotte unter Lancelot von Brederode, die in den ihr wohlvertrauten Wattengewässern den Spaniern schwer zusetzte.

Die unsichere Situation vor der niederländischen Küste erschloß Ostfriesland neue Handelsperspektiven. Vor allem Emden erfuhr enormen Aufschwung. Rechtzeitig aus Holland geflüchtete Kaufleute brachten neben ihrem Vermögen auch ihre Handelsverbindungen mit. Der englische Tuchhandel gab 1564 seinen traditionellen Stapelplatz Antwerpen zugunsten Emdens auf. Die Stadt an der Ems überflügelte im Seehandel zu dieser Zeit sogar das große Amsterdam. 1570 fuhren etwa 400 Seeschiffe im Dienst Emder Kaufleute.

Viele der Schiffsführer, die jetzt die Emsmündung anliefen, kannten sich hier nicht genau aus – ein hohes Risiko in den gefährlichen Gewässern des Wattenmeeres. Schon im Interesse des Handels mußten Seezeichen die Orientierung erleichtern. Im plötzlich reich gewordenen Emden brach ohnehin eine

14

rege Bautätigkeit aus. Vom Bau des soeben fertiggestellten Rathauses blieben noch etwa 20 000 Ziegel über – die Ratsherren hatten kurzfristig umdisponiert und sich statt der gewöhnlichen Ziegelwand eine Fassade aus Bentheimer Sandstein gegönnt. Mit nach Borkum verschifften Ziegeln wurde der dortige Kirchturm auf 41 Meter erhöht. Schon vorher hatte man auf Emder Initiative drei Kaaps, das sind eigens erstellte Landmarken, auf der Insel errichtet (das heutige Kleine und Große Kaap wurden erst nach 1870 gebaut), aber nun ließ sich die Emseinfahrt bereits aus größerer Entfernung mittels des neuen Turms anpeilen, der den Emdern gehörte und von ihnen unterhalten wurde. Die Borkumer durften ihn jedoch als Kirchturm nutzen – bis 1857 hingen die Glocken in dem Seezeichen.

»Goldene Jahre« – teuer erkauft

1713 lebten auf Borkum 468 Menschen in 92 Häusern. Die Bevölkerung schied sich in zwei Gruppen: die bereits seit langer Zeit ansässigen Altbauern, welche den größten Teil des knapp bemessenen Acker- und Weidelands besaßen, und die vom ostfriesischen oder niederländischen Festland eingewanderten Neubauern, denen entsprechend weniger Land gehörte.

Die landwirtschaftlichen Erträge reichten für fast keinen der Neubauern zur Existenzsicherung aus. Viele von ihnen fuhren daher zur See und nutzten die Gunst der Stunde, als sich in diesem Metier eine neue Erwerbsquelle auftat: Kaufleute aus Emden, Hamburg und den Niederlanden rüsteten Schiffe für die Waljagd aus. Die in Sachen Seefahrt versierten Borkumer konnten oft in führenden Positionen anheuern, viele berühmte Kommandeure von Walfangschiffen kamen von der Insel.

Der Job war lukrativ, aber äußerst gefährlich. Die meist dreimastigen, selten mehr als 300 Tonnen schweren Segelschiffe segelten im März/April aus den heimischen Gewässern bis zur grönländischen Küste – weit über den nördlichen Polarkreis hinaus. Ziel der Jagd war das Sommerrevier des Grönlandwals, dessen Tran und Fischbein als begehrte Handelsgüter galten. Die Wale wurden von kleinen Schaluppen aus mit Handharpunen gejagt, mit Lanzen getötet und schließlich längsseits am Rumpf des Walfangschiffes befestigt und abgespeckt. Mit Steigeisen und an langen Stielen befestigten Messern bewaffnet, stiegen die Speckschneider auf den glitschigen Leib des Beutetieres, um die Speckschwarten herunterzuschneiden, aus denen man den Tran herauskochte.

Bei dieser Art Jagd lag das Risiko mindestens ebenso bei den Jägern wie bei den Gejagten. Schlagende Walfluken zerfetzten so manches Harpunierboot mitsamt der Besatzung, beim Speckschneiden gab es Unfälle und die einseitige, vitaminarme Ernährung auf den Schiffen – meist gab es graue Erbsen mit Salzfleisch oder gelbe Erbsen mit Stockfisch – führte häufig zu Skorbut. Eine noch größere Gefahr stellten jedoch die gewaltigen Stürme des Nordens und das Packeis dar. Es geschah fast in jeder Saison, daß Schiffe in Packeis gerieten, nicht wieder freikamen und von den Eismassen regelrecht zerdrückt wurden. Sank das Schiff, versuchte die Besatzung auf dem Packeis zu überleben, stets in der

»Der Wallfisch wird an das Schiff gerudert«, Radierung um 1750

Hoffnung, von einem anderen Walfänger entdeckt und aufgenommen zu werden. Blieb so eine zufällige Rettung versagt, nahte unweigerlich das Ende. Trotz dieser Risiken lockte der Wohlstand, der sich durch die Beteiligung am Walfang erwerben ließ, die Borkumer jedes Jahr wieder nach Norden. Schließlich hoffte jeder, ihn werde es schon nicht treffen, sondern es werde ihm vielleicht gar einmal so ergehen wie dem berühmten Borkumer Kommandeur Roelof Gerritsz Meyer, der mit seinen Mannschaften auf 44 Fangfahrten um die 300 Wale erlegte und damit beträchtlichen Reichtum erwarb. Doch diese Hoffnung trog oft genug, und die Heimkehr erfolgte dann, wenn überhaupt, in einem mit Pech verschlossenen Eichensarg. Verloren nämlich die rauhen, aber treuen Borkumer während der Reise einen Mann aus ihren Reihen und war die Bergung des Leichnams möglich, brachten sie ihn nach dem Ende der Fahrt im Herbst oder Winter mit zurück auf die Insel. So war der Tag, an dem die Männer nach vielen Monaten zu ihren Familien zurückkehrten, nur selten für jeden ein Tag der Freude. 1764 lebten auf Borkum 64 Witwen, deren Männer fast alle beim Walfang ums Leben gekommen waren.

Dennoch reichte der teuer erkaufte Wohlstand endlich auch zur Versorgung der Ärmsten. Für erfolgreich heimkehrende Kommandeure galt eine großzügige Spende zugunsten der Borkumer Witwen und Waisen als Selbstverständlichkeit. Außerdem verteilte man unter diesen Hinterbliebenen den übriggebliebenen Proviant von den Walfangschiffen. Da man die Schiffe in der Regel mit allen Vorräten für eine eventuell notwendige Überwinterung im Eis ausrüstete, war allein diese Gabe nicht unerheblich.

16

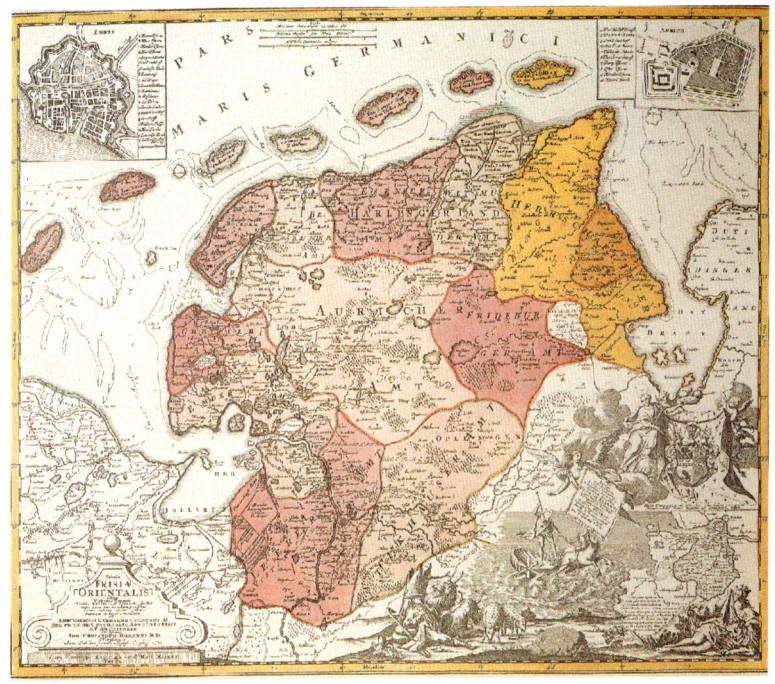

Ostfrieslandkarte nach Ubbo Emmius 1730

In ihren Gräbern auf dem Friedhof am Fuße des Alten Leuchtturms liegen sie
in friedlicher Kumpanei beieinander – diejenigen, die ihren Wohlstand bis zum
natürlichen Lebensabend auf Borkum genossen und die Schiffskameraden, die
sie in der Eichenkiste heimbrachten. Eindrucksvolle Reliefs auf ihren Grab-
steinen künden von ihren Kämpfen auf See. Nicht minder imposante Denkmä-
ler sind die noch verbliebenen Zäune, welche ihre einstigen Anwesen säumen.
Walkieferreihen als Gartenbegrenzung hat eben nicht jeder. Der prächtigste
gehörte natürlich dem König der Borkumer Walfangkommandeure: Roelof
Gerritsz Meyer, in dessen früherem Haus heute das Pfarramt der reformierten
Kirche untergebracht ist. Viele andere Relikte der Walfänger befinden sich im
Heimatmuseum Dykhus.
Die ebenso goldene wie leidvolle Ära der Borkumer Walfänger fand ein Ende,
als zwischen England und den als Seemacht erstarkten Niederlanden 1780-83
ein Krieg um die Vormachtstellung auf dem Meer ausbrach, der den Seehandel
und auch den Walfang nachhaltig unterband. Seit 1713 hatte sich die Borkumer
Bevölkerung fast verdoppelt. Vorher sorgten die eingeschränkten landwirtschaftlichen Nutzungsmöglichkeiten für eine natürliche Begrenzung der Einwohnerzahl, doch mittlerweile lebten etliche Familien auf der Insel, die sich
von den Walfangprämien ernährten. Als diese Einkünfte nun fehlten, erwies

Relikte aus großer Zeit – Zäune aus Walkieferknochen auf Borkum

sich die Insel als viel zu klein, um die Existenz so vieler Bewohner zu sichern. Nach der »goldenen Zeit« folgten Jahre des Elends. Fast die Hälfte der ungefähr 850 Borkumer verließ die Insel. Einige wenige gingen, weil ihr Vermögen ihnen überall einen neuen Start ermöglichte, die meisten allerdings vertrieb die nackte Armut. Selbst von denen, die sich auf vielen erfolgreichen Walfangreisen ein vermeintlich sicheres Vermögen verdient hatten, verarmten etliche. Sie hatten ihr Geld in niederländischen Staatspapieren angelegt. Die Vereinigten Niederlande, finanziell ausgelaugt durch die Kriege, bildeten 1795 die von Frankreich abhängige »Batavische Republik« (1795-1806). Diese Republik setzte alle Staatsverschuldungen um zwei Drittel herab und sanierte so ihren Haushalt auf Kosten der Gläubiger – auch viele Borkumer verloren auf diese Weise ihre Ersparnisse.

Auch in der Folge beeinflußten die Auswirkungen europolitischer Großereignisse das Leben der Insulaner in hohem Maße. Im nachrevolutionären Frankreich hatte sich Napoleon Bonaparte zum Kaiser krönen lassen. Nach seinem Sieg bei Austerlitz (2. Dezember 1805) über Österreich und Rußland verbündete sich Preußen mit Frankreich. Preußen hielt derzeit die Oberhoheit über Ostfriesland, und so wurde Ostfriesland in die folgenden Auseinandersetzungen zwischen Engländern und Franzosen verwickelt. 1806 erließ Napoleon die Kontinentalsperre gegen alle englischen Waren. Im Gegenzug belegte England die kontinentale Schiffahrt mit einem Embargo. Emden büßte fast die gesamte Handelsflotte ein, der legale Seehandel kam fast vollständig zum Erliegen. Unter diesen Umständen war es zwangsläufig, daß der Schmuggel gewaltigen

18

Aufschwung nahm. Die exponierte Lage Borkums prädestinierte die Insel als Schmugglernest, und für einen Teil der Einwohner bot der illegale Warenhandel endlich wieder eine lukrative Erwerbsquelle. Die Schmuggelei wurde riskanter, als zwischen 1811 und 1813 französische Truppen die Insel besetzten. Doch in der Folge des gescheiterten Rußlandfeldzugs der »Grande Armée« zogen diese Truppen wieder ab. Borkum wurde erneut preußisch, und der Frieden zwischen den Siegermächten entzog dem Schmuggel die Grundlage. Auf der Insel vor der Emsmündung brachen einmal mehr karge Zeiten an.

Die »Dütsen« kommen

Die Nachbarn auf Norderney setzten schon früh auf die neue, aber zukunftsträchtige Branche Tourismus – bereits 1797 etablierte sich dort Deutschlands erstes Nordseeheilbad. Auf Borkum hatte man trotz aller Armut – vielleicht auch gerade deswegen – für diese Idee nicht viel übrig. Badegäste auf Borkum? Was sollte das bringen? Da würden »Dütse« (Deutsche) auf die Insel kommen, mit denen man sich kaum verständigen könnte, wenn man es denn überhaupt wollte: Hochdeutsch war auf Borkum bis ins ausgehende 19. Jahrhundert eine reine Amtssprache, während die Insulaner ein Platt mit starkem holländischen Einschlag sprachen.

Allen Bedenken zum Trotz kamen während der 40er Jahre des 18. Jahrhunderts die ersten Badegäste auf die Insel. Allerdings unter abenteuerlichen Umständen: Die Anreise per Schiff von Emden aus – es verkehrte ohnehin nur alle 14 Tage – nahm bis zu 18 Stunden in Anspruch! Wer das überstand, den erwartete ein pittoreskes Nichts. Die Badeeinrichtungen bestanden aus einem offenen, nicht sehr geräumigen Zelt für Herren sowie einigen Holzbuden für Damen. Betten, Kochgeschirr, Lebensmittel und einiges mehr mußten die Gäste selbst mitbringen, so daß ihre Unternehmung eher Expeditionscharakter annahm. Wer sich darauf einließ, war in der Regel auch ein rustikaler Typ und gönnte

Ausschiffungsboot vor Borkum um 1850

Dorfansicht um 1860

sich selbst unter widrigsten Bedingungen ein Höchstmaß an Bequemlichkeit, wie sich aus dem Bericht eines Chronisten schließen läßt: »Der Fremde wanderte zu jeder Tageszeit in Schlafrock und Pantoffeln mit der Pfeife durchs Dorf, ohne mit irgendeiner Etikette in Konflikt zu geraten; gemeinsame Vergnügungen, Tanz, Konzert etc. wurden nicht gesucht, weil sie nicht zu finden waren.«

Ganz allmählich jedoch begannen die Borkumer zu erkennen, welche Chancen auch für sie in der Anwesenheit von Badegästen lagen. Zögerlich begann man, einige Wege zu pflastern, einen Badestrand zu markieren und Badewärter einzustellen. Sogar für Kurzweil wurde gesorgt: Man baute Kegelbahnen und bot zur Teestunde eine Art »Kurkonzert« – ein Insulaner spielte Geige, ein anderer brillierte an der Ziehharmonika.

1853 eröffnete in Emden eine spezielle Agentur für das »Seebad Borkum«, bereits wenige Jahre darauf erleichterte die Eröffnung der Bahnlinie zwischen dem westfälischen Rheine und Emden die Anreise der »Dütsen«. Sogar ein regelmäßiger Fährfahrplan der Verbindung Emden-Borkum existierte bereits, was allerdings an der enormen Dauer der Passage nichts änderte. Und mochten auch Dampflokomotiven und Dampfschiffe den Gast in bis dahin kaum gekannter Geschwindigkeit zur Insel befördern, war spätestens hier der Punkt erreicht, an dem die Natur statt der Technik das Tempo bestimmte. Einen tideunabhängigen Hafen besaß Borkum immer noch nicht, ebensowenig wie einen Fähranleger. Die lange Anreise hinter sich und ihr Ziel vor Augen, mußten die Gäste erleben, wie die Fähre stundenlang vor der Insel ankerte, um die Flut abzuwarten, die das nähere Heranfahren ermöglichte. War man dann endlich ins Hopp eingefahren, erfolgte – mangels Anlegebrücke – das Ausbooten der Passagiere. Hatten Gäste und Gepäck diese bei widrigem Wetter durchaus akrobatische Übung heil überstanden, folgte der letzte Abschnitt der Reise: der Umstieg vom Boot in die im flachen Wasser bereitstehenden Pferdekutschen und die noch eine gute Stunde dauernde Fahrt ins Dorf.

Diese Umstände führten dazu, daß in den ersten Jahrzehnten Borkumer Badelebens nur ganz hartgesottene Inselliebhaber der Idee verfielen, hier den Urlaub zu verbringen. Erst 1869 kamen mehr als 1000 Gäste. Spätestens nach dem Erreichen dieser magischen Marke erkannten die meisten Insulaner die

Badewärter um 1900

Chancen, die sich ihnen durch den Fremdenverkehr boten. Auch in Emden hatte man die »Gästeströme« Richtung Borkum registriert. So dachte man in den 80er Jahren über einen Hafenausbau auf der Insel sowie einen bequemeren Transportweg zum Dorf nach. 1885 erhielt die Emdener Firma Habich & Goth den Auftrag zum Bau und Betrieb entsprechender Anlagen. Drei Jahre darauf begannen die Arbeiten an der Bahnlinie und an dem weit ins Wattenmeer bis in den Priel Fischerbalje hineingebauten Anleger. Schon im Juli 1888 nahm man den fahrplanmäßigen Betrieb auf.

Für Borkum war diese neue Errungenschaft gleichbedeutend mit einer Revolution. Die Insel ließ sich nun jederzeit tideunabhängig erreichen, trockenen Fußes betreten und mit der Dampflokomotive befahren – von dem ursprünglich geplanten Pferdebahnbetrieb hatte man gleich abgesehen und der modernen Technik den Vorzug gegeben. Der Erfolg dieser Anstrengungen ließ nicht auf sich warten. Die Gästezahlen erhöhten sich in den folgenden Jahren jeweils um durchschnittlich 20 Prozent. Infolge dieser Entwicklung verdoppelte sich zwischen 1885 und 1900 die Einwohnerzahl Borkums von 1000 auf 2100.

Die Zeiten, da der Gast ungehemmt im Schlafrock durchs Dorf wandelte, waren endgültig vorbei. Das Badeleben war straff organisiert. Preußische Disziplin bestimmte die Badeordnung:

»Wer die Badekutsche zu benutzen wünscht, übergibt dem Kartenannehmer seine Badekarte, welcher sie entwertet zurückgibt; für letztere erhält man in der Zeugbude eine mit einer Ordnungsnummer versehene Blechmarke. Zugleich werden ihm die mit seiner allgemeinen, beim ersten Bade erhaltenen Personal-Nummer versehenen Bade-Utensilien eingehändigt. Wird nun beim Freiwerden einer Badekutsche die betr.

Kurhaus und Strandbad um die Jahrhundertwende

Ordnungsnummer ausgerufen, so hat der Badende unter Abgabe der Marke an den Badediener sich sofort in die betr. Kutsche zu begeben, die dann von der Bedienung ins Wasser geschoben wird. Wird das Betreten der Badekutsche versäumt, so wird die betr. Nummer überschlagen, und man hat sich dann von neuem nach den inzwischen Angemeldeten eine Nummer geben zu lassen. Nach beendigtem Bade wird die Badekutsche wieder auf den trockenen Strand gezogen. Die beim Baden benutzten Badetücher werden von den Badewärtern gleich nach Verlassen der Kutsche in Empfang genommen und getrocknet, was man nach Beendigung der Kur durch ein entsprechendes Trinkgeld zu vergüten pflegt (...) Zu persönlichen Dienstleistungen sind die Badewärter nicht verpflichtet. Wer, wie dies bei den Damen oft geschieht, solche besonderen Dienste verlangt, hat sich mit einem Badewärter über die zu zahlende Vergütung zu verständigen.«

Wo eine Ordnung ist, gibt es auch Ordnungshüter – und die griffen durch, wenn es geboten erschien: »Es wird hiermit zur Kenntnis gebracht, daß sich die unterzeichnete Badedirektion veranlaßt sieht, die bestehenden Badebestimmungen schärfer durchzuführen. Jede Person, die dem gegebenen Warnungssignal nicht sofort folgt, wird mit Gewalt zurückgeholt und für die ganze Dauer der Saison von der Benutzung des Bades ausgeschlossen. Diese Polizeibestimmung wird ohne Rücksicht durchgeführt werden.«

Allen Reglementierungen zum Trotz verbrachten die meisten Besucher offen-

22

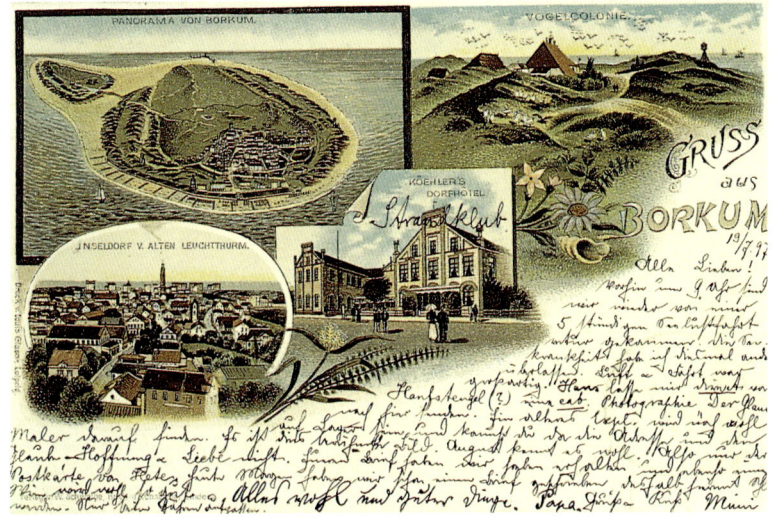

Kartengruß aus dem Badeort von 1897

bar einen entspannten Urlaub, denn viele kamen jedes Jahr zurück auf die Insel. Die Karriere Borkums als Seebad hatte nach langjährig sehr verhaltenen Anfängen nun endlich richtig begonnen.

Badestrand und Minenfelder – das Seebad als Festung

Bald nach der Jahrhundertwende zeichnete sich das Ende der friedlichen Zeiten ab. Vor dem Ersten Weltkrieg wurde Borkum im Zuge der allgemeinen Aufrüstung zur Seefestung ausgebaut. Militärische und touristische Anlagen entstanden fast gleichzeitig. Westlich des Bahnhofs, der bei seiner Einweihung 1888 noch außerhalb des eigentlichen Ortes lag, wurden zwischen den Dünen Hotels errichtet. Eigens für den Fremdenverkehr baute man 1911 die 200 Meter lange Wandelhalle an der Promenade.

Die Dünen dienten dem Küstenschutz nun in doppelter Hinsicht – als natürlicher Flutschutz und als Deckung für vier Küstenbatterien, die in ihren Hügeln eingerichtet wurden. Zu ihrer Versorgung erweiterte man das Schienennetz der Inselbahn bis zum Ostland. Auf der Reede bestaunten Einheimische und Badegäste eine Katapultanlage für Flugzeuge, eine zu dieser Zeit wahrlich exotische Institution.

Im Juli/August 1914, mitten in der friedlichen Borkumer Badesaison, eskalierten die Ereignisse. Nach Kriegserklärungen und Mobilmachung hatten die Feriengäste auf militärischen Befehl die Insel sofort zu verlassen. Eine Besatzungstruppe von 1500 Mann bezog Stellung und versperrte die Strände mit

Drahtzäunen. Zum Glück blieb es bei solchen martialischen Trockenübungen – Borkum überstand den Ersten Weltkrieg kampflos und unbeschadet.

Schaden nahm natürlich der Fremdenverkehr, und zwar nachhaltig auch noch während der wirtschaftlich schwierigen Jahre der Weimarer Republik. Da nutzte es wenig, daß die Insel bald mit einem neuen Verkehrsmittel zu erreichen war. Ein Seebäder-Flugliniendienst nahm mit einigen Wasserflugzeugen den Betrieb auf, die vor der Wandelhalle auch zu touristischen Rundflügen starteten. Da dies nur bei ruhiger See möglich war, was nicht so oft vorkam, wie es für die Rentabilität des Unternehmens nötig gewesen wäre, verfiel man auf die gute Idee, den Tüskendörheller als Start- und Landepiste zu verwenden. Ein weiterer Ausbau der Grünfläche zum Flugplatz war die logische Konsequenz, und schon im Winter 1928/29 erwies sich die Existenz dieser Einrichtung als äußerst segensreich, als nach einer langen Frostperiode ein dicker Eispanzer Borkum vom Schiffsverkehr abschnitt.

Bedingt durch die Einnahmen aus dem Walfang lebten während des 18. Jahrhunderts mehr Menschen auf Borkum, als die Insel normalerweise ernähren konnte. Die Einkünfte aus dem Fremdenverkehr bewirkten später ein ähnliches Phänomen. Blieben die Touristen aus, gab es für viele Bewohner kaum berufliche Alternativen auf der Insel. 1932, auf dem Höhepunkt der Weltwirtschaftskrise, kamen nur 14 000 Feriengäste – weniger als in allen Jahren zuvor seit der Jahrhundertwende. Zudem wurde bereits erneut militärisch aufgerüstet. Richtig ausgedient hatte die Seefestung Borkum nach dem Ersten Weltkrieg ohnehin nie, ein kleines Wachkommando blieb auch während der 20er Jahre hier stationiert. Nun ging es wieder los – Leitstände, Betonbunker, Flakkanonen, Mannschaftsbaracken entstanden in noch größerer Zahl als zuvor. Im Dienste der Kriegsmaschinerie benötigte man eine verbesserte Infrastruktur. So wurde zwischen 1938 und 1942 der Neue Hafen gebaut und mittels einer parallel zur Bahnlinie verlaufenden Betonstraße mit dem Ort verbunden. Minenfelder und Panzergräben riegelten die Insel nach außen ab. Diesmal fielen Bomben auf Borkum, wenn auch nicht viele. Und als 1945 die »Tausend Jahre« ein Ende hatten, erschienen britische Sprengkommandos und jagten kurzerhand fast ausnahmslos jede militärische Anlage in die Luft, die sich nicht ohne weiteres demontieren ließ. Kriegstrümmer übersäten die Insel. Nach alter Strandräubermanier machten sich die Borkumer eifrig ans Werk, bohrten, sägten, schlugen und sammelten alles noch verwertbare Material aus den Ruinen und betrieben einen noch jahrelang einträglichen Schrotthandel mit dem Festland.

Begehrtes Borkum

Obwohl direkt nach Kriegsende noch kein nennenswerter Tourismus existierte, war Borkum sozusagen »ausgebucht«. Tausende von Flüchtlingen aus Ostdeutschland fanden Aufnahme in Hotels, Pensionen und Notunterkünften. Noch bis 1958 kamen Flüchtlinge auf die Insel, zuletzt aus Berlin.

Trotzdem nahm auch der »normale« Fremdenverkehr während der 50er Jahre allmählich wieder zu. Urlaub auf Borkum galt schon immer als eine gesunde Angelegenheit, doch diese Komponente eines Aufenthalts an der See rückte

Der Hauptstrand von Westen

jetzt zunehmend ins Bewußtsein der Erholungsuchenden. Die nun bereits über hundertjährige Erfahrung der Insulaner mit dem Tourismus führte zur schnellen Reaktion auf den Trend. Systematisch erweiterte man das Kurangebot, ohne dabei den Charakter eines ruhigen, überschaubaren Seebades einzubüßen – eine Leistung, die erfahrungsgemäß nicht jedem Ferienort gelingt.

Etwa 8500 Menschen sind heute auf Borkum zu Hause, etwa ein Viertel von ihnen allerdings nur mit zweitem Wohnsitz. Über 150 000 Feriengäste verbringen hier ihren Urlaub – weit mehr als doppelt soviele wie in den erfolgreichsten Jahren der Kaiserzeit. Wie rasant sich diese Entwicklung vollzog, verdeutlicht die Reduzierung der Anreisezeit vom Emdener Fährhafen aus. Benötigte man vor wenig mehr als einem Jahrhundert noch bis zu 18 Stunden, schafft der seit 1989 verkehrende Katamaran die Strecke in 60 Minuten.

Kleine Borkumer Topographie

Auf ihrer Fläche von 36 Quadratkilometern hat die größte der Ostfriesischen Inseln einiges zu bieten. Wichtigster Anziehungspunkt für die Mehrzahl der Gäste sind sicher die ausgedehnten, insgesamt 15 km langen Sandstrände. Andere landschaftliche Besonderheiten Borkums sind jedoch nicht weniger erwähnenswert.

Westland: Vor 250 Jahren war das Westland der einzig besiedelte Teil der Insel. Noch heute befindet sich hier die eigentliche Stadt Borkum.

Ostland: Während der Blütezeit des Walfangs nahm die Einwohnerzahl stark zu. Grund genug, um ab 1752 auch das Borkumer Ostland zu besiedeln, das zu dieser Zeit noch eine vom Westland getrennte Insel war. Erst ab 1860 begannen sich die beiden Inselteile durch Dünenbildung zusammenzuschließen.

Hindenburgdamm: Nicht nur Sylt besitzt einen Hindenburgdamm! Das Borkumer Exemplar trägt zum Zusammenhalt von Ost- und Westland bei und verläuft südlich des FKK-Geländes zwischen Nord- und Oldedünen. Der Damm zeigt, wie sich Küstenschützer die Kräfte der Natur zunutze machen: 1932 pflanzte man hinter der offenen Strandfläche mehrere Buschreihen, die den Flugsand abfingen. Bereits nach wenigen Wochen hatte der Wall eine Höhe von 80 Zentimetern erreicht. Bis heute ist hier ein Dünenkette entstanden, von der ein Binnenländer kaum glauben kann, daß sie nicht immer dort gestanden hat.

Tüskendör: Bevor die Inselteile zusammenwuchsen, schwappte das Gezeitenwasser zwischen West- und Ostland. Der trennende Wasserarm trug den Namen »Tüskendör« – was soviel heißt wie »zwischendurch«. Der Tüskendörsee ist ein ehemaliger Baggersee, 1975/76 entstanden beim Bau des Tüskendör-Deiches.

Tüskendörheller: Ein »Heller« ist eigentlich eine tiefgelegene, regelmäßig überflutete Wiese. Nichts anderes war auch der Tüskendörheller, auf dem sich seit 1925 der Borkumer Flugplatz befindet. Die Bodenverhältnisse auf der Landebahn waren zu dieser Zeit sicher ebenso abenteuerlich wie die damalige Fliegerei überhaupt. Der Sommerdeich schützte die Anlage nur bis zu einer Fluthöhe von 1,60 Metern. Noch 1973, ein Jahr vor dem Beginn der Bauarbeiten am Neuen Seedeich, stand der Flugplatz bei sieben Sturmfluten innerhalb von fünf Wochen bis zu einem Meter tief unter Wasser.

Greune Stee: Die »grüne Stelle« ist auf den nicht gerade waldreichen Ostfriesischen Inseln etwas besonderes und allemal einen Spaziergang wert. Wanderpfade führen durch das Gebüsch und niedriges Gehölz aus Erlen, Weiden und Birken. Bei extremeren Flutständen dringt von Süden her Meerwasser in die Greune Stee, so daß an vielen Stellen die Süßwasservegetation in Salzwiesen und Salzsümpfe übergeht. Das Naturschutzgebiet Greune Stee ist ein

Vorige Seiten: Luftaufnahme der Insel von Westen
Rechts: Der Ortskern von Borkum

Vogelparadies und daher auch für Hobby-Ornithologen eine echte Inselattraktion. Besonders Sumpfvögel wie die Rohrweihe oder Löffelenten brüten hier. Waterdelle: Eine »Delle« bezeichnet eine Bodensenke. Unter den Senken, insbesondere unter der Waterdelle, sammelt sich der Niederschlag in Süßwasserlinsen, die sich durch Tiefbohrungen anzapfen lassen. Noch heute deckt man auf diese Weise einen Teil des Borkumer Trinkwasserbedarfs. Andere Dellen haben ihre namensgebenden Charaktermerkmale mittlerweile eingebüßt, so wie die Kiebitzdelle, die schon um 1900 entwässert wurde und längst keine Vogeltränke mehr ist. Ebenfalls außer Dienst gestellt ist die sogenannte »Dodemannsdelle« (in der Nähe des Großen Kaaps gelegen), in der sich einst der »Drinkeldodenkarkhof« befand. Was im Wortlaut noch lustig klingt, ist eigentlich eine ernste Sache: An den Borkumer Strand angetriebene und unidentifizierbare Ertrunkene (Drinkeldode) fanden hier eine letzte namenlose Ruhestätte – meist auf einem Bund Stroh in offener Erde. Einen Sarg gab es nur, wenn man bei der Leiche Wertgegenstände fand.

Muschelfeld: Nordöstlich der Waterdelle liegt das Muschelfeld, ein geradezu klassisches Beispiel für den Erfolg künstlicher Landgewinnung. Durch die Anlage des künstlichen Dünenwalls vom Meer abgetrennt, entstand ein flacher, bald verlandeter Binnensee, an dessen maritime Vergangenheit fast nur noch der Name erinnert.

Heimliche Liebe: Die romantische Bezeichnung dieses Strandabschnitts hat einen martialischen Hintergrund. Sie stammt aus den Tagen des Zweiten Weltkriegs, als Borkum ein stark befestigter Armeestützpunkt war. Eine große Zahl der hier stationierten Truppen blieb längere Zeit auf der Insel. Viele Freundinnen und Ehefrauen dieser Männer kamen für längere Besuche nach – schließlich dauerte der Dienst nicht 24 Stunden am Tag. Der Strandabschnitt zwischen Wilhelmshöhe und dem Südbad stand als Spazierweg bei den verliebten Pärchen hoch im Kurs, was die Besatzung eines Flakbunkers am Ende der Strandmauer natürlich bald registrierte. Als alle Flakstellungen zwecks besserer Unterscheidung Namen erhielten, machte die Bunkerbesatzung die »Heimliche Liebe« zur offiziellen Bezeichnung.

Ronde Plate: Eine »Plate« ist eine dem Ufer vorgelagerte Sandfläche. Die Ronde Plate im Süden Borkums wird nur bei höheren Wasserständen völlig überflutet und dient zahlreichen Vogelarten als Brutplatz und Nahrungsgebiet. Die Ronde Plate und das ihr vorgelagerte Watt zählt zur Ruhezone des Nationalparks Wattenmeer. Freies Betreten ist daher verboten.

Hoge Hörn: Das Hoge Hörn markiert den äußersten Ostzipfel der Insel. Auch hier gelten die Bestimmungen der Ruhezone. Allerdings gibt es einen durch numerierte Pfähle gekennzeichneten Rundweg entlang des Spülsaums um das Hörn herum.

Lütje Hörn: Östlich vom Hoge Hörn liegt am äußersten Wattrand an der Osterems die kleine Vogelinsel Lütje Hörn. Auch wenn die Insel nur klein und von Menschen unbewohnt ist, trotzt sie schon lange Wind und Wellen – ihre Existenz ist bereits seit dem Ende des 16. Jahrhunderts belegt. Sie gehört zur Ruhezone des Nationalparks Niedersächsisches Wattenmeer, das Betreten ist daher untersagt.

Seehundsbänke im Wattenmeer

Hohes Riff: Das Hohe Riff ist Borkum nordwestlich vorgelagert. Hier befindet sich eine bedeutende Seehundliegebank. Der Seehund ist das einzige ständig im Wattenmeer lebende Meeressäugetier. Zwar zieht er sich während des Winters in die offene Nordsee zurück, doch ab Mitte Mai besucht er wieder ausgesuchte Sandplaten wie das Hohe Riff im Wattenmeer, auf denen die Geburt und Versorgung des Nachwuchses stattfindet. Störungen während dieser Zeit sind für Seehunde lebensgefährlich, weshalb auch das Hohe Riff zu den Zonen des Nationalparks zählt, die keinesfalls betreten werden dürfen.

Hopp: Dieser ausgedehnte Priel durchschneidet die Wiesen- und Weidenfläche des Westlandes. Der geschützt gelegene, erst seit 1932 von der offenen See abgetrennte Wasserlauf diente einst als Hafen. Die Borkumer Fischerboote lagen hier, Frachtschiffe brachten ihre Ladung bis nahe an den Alten Turm heran, sofern die Gezeiten es zuließen – die Schiffahrt im Hopp war tideabhängig.

Fischerbalje: An der Fischerbalje beginnt jeder Borkum-Urlaub, sofern die Anreise per Schiff erfolgt. Entlang dieses Prieles zieht sich der Leitdamm zwischen der Leuchtbake Fischerbalje und dem tideunabhängigen Neuen Hafen.

Zwischen Kaap und Feuerschiff – Borkumer Attraktionen

Der Alte Leuchtturm

Wettergegerbt und trutzig steht der Alte Leuchtturm auf der historischen Kirchwarf, einst letzte Bastion und Zuflucht, wenn die Deiche brachen. Der ehemalige Inselfriedhof liegt hier. Noch immer liegen einige verwitterte Grabstellen, umstanden von Walknochen, im Schutz des Alten Leuchtturms – auch die Eltern des berühmten Walfängers Roelof Gerritsz Meyer ruhen hier unter einem mit Totenkopfemblem geschmückten Grabstein.

An der Küste und auf den Inseln weisen die Kirchen den Weg, keineswegs nur in religiöser Hinsicht. Vom Meer aus gesehen, ragen selbst mäßig hohe Kirchtürme weithin sichtbar aus der flachen friesischen Landschaft auf und bieten so im wahrsten Sinne des Wortes »hervorragende« Navigationshilfen. Die erste Backsteinkirche Borkums stand seit Beginn des 14. Jahrhunderts auf einer kleinen Düne, die später zu der noch heute erhaltenen alten Kirchwarf aufgeschüttet wurde. Der Turm dieser Kirche war bereits gemäß der Himmelsrichtungen ausgerichtet und diente so der Schiffahrt als Orientierungspunkt. Das 14. Jahrhundert brachte der Nordseeküste mehrere gewaltige Sturmfluten, so auch 1362 die Marcellusflut, die in Nordfriesland das sagenhafte Rungholt, den bedeutendsten mittelalterlichen Handelsplatz Nordfrieslands, vernichtete. Eine dieser Fluten zerstörte vermutlich die erste Borkumer Kirche bis auf einen Fundamentrest, auf dem die Borkumer 1460 einen Neubau errichteten. Es folgten im Verlauf der Jahrhunderte drei weitere Erweiterungen oder Neubauten. Das letzte Kirchenschiff am Alten Leuchtturm nannten die Borkumer »Strandungskirche« – die Baukosten wurden wesentlich aus dem Strandungserlös eines vor der Insel gescheiterten Schiffes bestritten. Nachdem die evangelisch-reformierte Gemeinde 1897 ihren Neubau am Rektor-Meyer-Pfad bezog, gab es jedoch keine Verwendung mehr für die »Strandungskirche«, die man deshalb 1903 abriß. Auf dem davorliegenden Friedhof hatte die letzte Bestattung bereits 1873 stattgefunden.

Zu dieser Zeit war der Alte Leuchtturm längst mehr Seezeichen als Kirchturm. Im 16. Jahrhundert unterhielten die Emder Kaufleute rege Geschäftsbeziehungen zu anderen Nationen. Die Größe ihrer Handelsflotte war beträchtlich, ebenso die Zahl der fremden Schiffe, die Emdens Hafen anliefen. Dabei gab es ein erhebliches Problem: Die Emsmündung mit dem vorgelagerten Wattenmeer galt schon immer als schwieriges Fahrwasser. Sandbänke, Priele, tide- und flußbedingte Strömungen machten die Passage vor allem für ortsfremde Schiffer zu einem riskanten Unternehmen.

Die Schiffsverluste müssen erheblich gewesen sein, denn 1576 investierten die Emder beträchtliche Summen, um die Ansteuerung ihres Hafens zu erleichtern – was sie als gute Kaufleute sicher unterlassen hätten, wären diese Ausgaben nicht lohnenswert gewesen. Sie verschifften 20 000 Ziegel, die bei dem Neubau ihres Rathauses übrig geblieben waren, nach Borkum. Mit diesem Material mauerte man den ehemals bescheidenen Kirchturm der Insel bis zur stattlichen Höhe von 41 Metern auf. Der Turm war ja ohnehin bereits so konzipiert, daß seine Seiten die Himmelsrichtungen markierten. Nun ließ man im oberen Mauerwerk der Nord- und Südseite eine Öffnung frei. Wer von See her an Borkum vorbei in die Ems einfahren wollte, mußte sich der Insel von Norden her so nähern, daß der Blick durch beide Öffnungen gleichzeitig nach Süden fiel. In der Verlängerung dieser Linie lag die äußerste Tonne auf der Osterems.

Der Turm sowie dessen Nutzungsrecht gehörte nun der Stadt Emden, damit jedoch auch die Unterhaltspflicht. Die bereitete den Stadtherren nicht wenig Sorgen, denn Regen und Stürme setzten dem exponiert gelegenen Mauerwerk hart zu. Kostspielige Reparaturen waren die unvermeidliche Folge.

Mit zunehmender Seetüchtigkeit weiterentwickelter Schiffstypen kam der Seefahrt größere Bedeutung zu. Ruhte der Schiffsverkehr früher nach Möglichkeit während der Schlechtwettersaison und auch nachts, so wurde nun zu jeder Jahres- und Tageszeit gesegelt. Der Borkumer Turm ließ sich nur bei ausreichenden Lichtverhältnissen anpeilen. Um auch während der Dunkelheit Navigationshilfe zu gewähren, installierte man um 1780 auf einer hohen Düne in der Nähe des Großen Kaaps eine Feuerbake. Auf einer gemauerten Plattform sorgte ein offenes Feuer, das pro Nacht bis zu einer Tonne Kohlen verbrauchte, für einen leuchtenden nächtlichen Fixpunkt. Die Leuchtweite dieser Feuerbake ließ allerdings zu wünschen übrig. Daher entfernte man 1817 das Schieferdach des Turmes, auf dessen nun offener Dachplattform hinter einer vom Hamburger Konstrukteur Repsold geschaffenen Glaskuppel parabolspiegelverstärkte Öllampen ihre Lichtstrahlen bis zu elf Kilometer weit auf die Nordsee hinaussandten.

1857 verlor der Turm mit der Entfernung der Kirchenglocken, die bis dahin hier verblieben waren, seine letzte sakrale Funktion. Gleichzeitig erfuhr seine Bedeutung als Seezeichen weitere Aufwertung, indem ein Fresnelsches Linsengerät die alte Lichtanlage ersetzte und die Leuchtkraft steigerte. Auch diese neue Anlage betrieb man mit Öl, ihr Verbrauch schlug mit ca. 350 Gramm pro Stunde zu Buche. Der beträchtliche Ölvorrat lagerte im Keller des Leuchtturms – das sollte sich rächen.

Am 14. Februar 1879 entzündete ein durch das Dach verlegtes, durchgerostetes Ofenrohr die mit Sägespänen isolierte Holzdecke des Turms. Das im Wärterraum vorschriftsmäßig bereitstehende Faß mit Löschwasser nützte da nichts mehr. Alle Löschversuche blieben erfolglos, erst recht, nachdem die glühenden Trümmer des Gebälks in den Keller rauschten und den Ölvorrat – etwa 40 Zentner – in Brand gesteckt hatten. Der dachlose, ausgehöhlte Turm wirkte wie ein Fabrikschlot, als er, einer flammenden Riesenfackel gleich, funkensprühend ausbrannte. Bis nach Emden war der Feuerschein sichtbar.

Der Alte Leuchtturm mit dem alten Inselfriedhof

Das Haus der Kurverwaltung und der Große Leuchtturm

Die zweite Karriere des einstigen Kirchturms als Leuchtfeuer war damit beendet. Dieses Ende ließ sich allerdings schon vor der Brandkatastrophe absehen, denn ein neuer Leuchtturm war bereits in Planung, der ebenfalls noch 1879 seinen Betrieb aufnahm. Trotzdem wurde der Alte Leuchtturm restauriert. Man nutzte ihn als Wetterstation, trigonometrischen Meßpunkt und für militärische Zwecke – letzteres vor allem natürlich während der beiden Weltkriege. Im Zweiten Weltkrieg residierte hier die Flakleitung. Diese militärische Funktion wurde dem alten Borkumer Wahrzeichen fast zum Verhängnis. Als nach Kriegsende die Engländer sämtliche Bunker und ähnliche militärische Anlagen auf Borkum sprengten, stand auch der Alte Leuchtturm zur Disposition. Nur mit Mühe gelang es den Einheimischen, dieses Vorhaben zu verhindern.

Nach einem kurzen Intermezzo als Seenotfunkstelle der »Deutschen Gesellschaft zur Rettung Schiffbrüchiger« stand der Turm ab 1948 funktionslos leer. Erst die Initiative des »Heimatverein der Insel Borkum e.V.« rettete das älteste noch erhaltene Bauwerk der Insel. Der Verein erwarb den Alten Leuchtturm 1982, renovierte das bereits recht desolate Gebäude und machte es der Öffentlichkeit zugänglich. Wer die über 150 Stufen bis zur Plattform hinaufsteigt, wird mit einer grandiosen Aussicht über Insel und Meer belohnt. Die exakten Besichtigungszeiten werden derzeit neu festgelegt, neben »normalen« Turmbesteigungen sind auch Gruppen- und Sonderführungen möglich. Nähere Auskünfte erhält man über die Kurverwaltung (Tel. 04922/303-0) oder in der aktuellen Ausgabe der »Badekarre«.

Westland mit vorgelagerter Sandbank

Folgende Seiten: Borkum von Westen aus gesehen

Der Neue Leuchtturm

Ganz neu ist der Neue Leuchtturm eigentlich nicht mehr – sein Baujahr 1879 liegt bereits ein gutes Weilchen zurück. Doch seine Errichtung bildete den Auftakt zu einer ganzen Reihe zukunftsträchtiger Baumaßnahmen, die während der beiden letzten Jahrzehnte des 19. Jahrhunderts auf Borkum ausgeführt wurden. Auch der Standort des Neuen Leuchtturms lag noch recht einsam in den Dünen, erst allmählich entstand um ihn herum das Kurviertel.

Nachdem im Februar 1879 der Alte Leuchtturm ausgebrannt war, setzte man alles daran, den bereits vor der Katastrophe geplanten Neubau schnell zu erstellen. Die Aufgabe lag in den Händen des Bauunternehmers Schumacher aus Leer, unter dessen Regie bereits zuvor ein Leuchtturm auf Norderney entstanden war. Schumacher bediente sich zeitgemäßer Technik. Dazu gehörte die kurzfristige Installation einer Pferdebahn zwischen den Liegeplätzen der Lastkähne im Hopp und der Baustelle, um das benötigte Material ohne großen Zeitverlust herbeizuschaffen. Sehr zum Ärger der Borkumer übrigens, die darauf spekuliert hatten, mit ihren Fuhrwerken den Transport zu übernehmen und so einen willkommenen Nebenverdienst einzustreichen.

Der Erfolg bestätigte Schumachers Methode. Im November 1879, nach nicht einmal sieben Monaten und 1,7 Millionen verbauter Ziegel, konnte das petroleumgespeiste Lichtsignal des Neuen Leuchtturms den Betrieb aufnehmen. Mit 64 Metern Höhe übertraf er seinen Vorgänger (41 Meter) bei weitem.

Heute strahlt der Neue Leuchtturm mit einer 1500-Watt-Lampe sein Signal über 45 Kilometer weit aus. Die Lichtstärke entspricht der gebündelten Leuchtkraft von etwa 1,6 Millionen Kerzen. Das Signal des Neuen Leuchtturms ist ein Kennfeuer. Es sendet abwechselnd Lichtstrahlen von neun und drei Sekunden Dauer aus. Dieses Intervall ist speziell für den Borkumer Leuchtturm reserviert, so daß von See aus nach Anpeilung des Signals sofort die Identifizierung möglich ist.

Auf 47 Metern Turmhöhe befindet sich ein zweites Feuer, das als Sektorenlicht die vorüberfahrenden Schiffe ins Emsfahrwasser lotst. Liegt dieses Sektorenlicht hinter den Richtung Emsmündung fahrenden Schiffen, übernimmt sie der 28 Meter hohe, rot-weiße Leuchtturm am Südbad. Dieses Feuer nennen die Insulaner den »elektrischen Leuchtturm«, weil er schon bei seiner Fertigstellung 1891 elektrisch betrieben wurde. Seine 1000-Watt-Lampe entspricht einer Lichtstärke von 50 700 Kerzen und ist über eine Entfernung von 25 Kilometern sichtbar.

Wer den Neuen Leuchtturm besteigen will, hat 315 Stufen vor sich. Vor allem bei klarem Wetter ist jedoch die Aussicht den Aufstieg wert: Der Blick reicht dann bis zum 20 Kilometer entfernten Festland und zur Nachbarinsel Juist (16 Kilometer).

Neuer Leuchtturm, geöffnet: April bis Oktober täglich 10.30-11.30 Uhr u. 15.00-16.30 Uhr, ansonsten Di., Fr., So. 15.00-16.30.
Nähere Informationen erteilt die Kurverwaltung (Tel. 04922/303-3).

Das Große und das Kleine Kaap

Was sich anhört wie der Titel eines Kinder-Zeichentrickfilms, ist in der Realität die Bezeichnung zweier alles andere als verspielter Gebilde. Der Anblick der skurrilen Steinbauten stellt uninformierte Binnenländer allerdings vor ein Rätsel: man vermutet hier abstrakte Kunst oder eine heidnische Alt-Borkumer Kultstätte. Die wahre Funktion der Kaaps ist, wie sollte das bei den lebenspraktischen Borkumern auch anders sein, sehr viel pragmatischer. Die Kaaps dienten zu früheren Zeiten als Landmarken der Seeschiffahrt. Damit sich ihr Anblick nicht aus jeder Perspektive ähnelte, erhielten sie ihre signifikanten Erker, Pfeiler, Mauerdurchbrüche und hölzernen Toppzeichen. Die Schiffer konnten nun jeden Blickwinkel einer exakten Position zuordnen.

Vier steinerne Kaaps gab es auf der Insel, die 1872 die Stelle bereits vorher vorhandener Holzbaken einnahmen. Zwei sind noch heute vorhanden: Das Kleine Kaap, 11,7 Meter hoch und von einem quadratischen Toppzeichen gekrönt, wies die Einfahrt ins Riffgatt. Das Große Kaap hat ein dreieckiges Toppzeichen, ist 23 Meter hoch und diente der sicheren Passage in die Westerems. Auch Holzbaken sind auf Borkum noch zu sehen. Ein besonders markantes Exemplar ist die 15 Meter hohe Kugelbake in der »Greunen Stee«.

Heimatmuseum »Dykhus«

Ein Besuch im »Dykhus« ist unverzichtbarer Bestandteil eines Inselaufenthalts. Die interessanten Exponate des Borkumer Heimatmuseums bieten weit mehr als ein bloßes Verlegenheitsprogramm für Schlechtwettertage. Der Museumsbesuch beginnt, ehe man überhaupt das Haus betreten hat: Der Weg auf das Grundstück führt durch zwei gekreuzte Walkieferknochen, die hier anstelle einer Pforte stehen und so sehr anschaulich demonstrieren, daß ein ausgewachsener Mensch für einen Wal nur einen einzigen Bissen bedeutet.

Das »Dykhus« selbst ist ebenfalls ein Museumsstück an sich. Es liegt auf einer kleinen Warf und verkörpert den Typus des sogenannten »Gulf-Hauses«, eines klassischen Borkumer Wohn- und Stallhauses, wie es ansonsten auf der Insel kaum noch zu finden ist. Bis in die 60er Jahre hinein diente es noch als Wohnhaus. Das Innere ist in mehrere Abteilungen untergliedert: Borkums maritime Vergangenheit, Inselalltag zu früheren Zeiten und eine umfangreiche naturkundliche Sammlung. Der Walfangära ist breiter Raum gewidmet. Handwerkszeug und Segelhandbücher sind ausgestellt. Reiseberichte dokumentieren die Härten der Walfahrt. Doch auch die anderen Bereiche Borkumer Seefahrtstradition kommen nicht zu kurz – Fischerei, Lotsendienste und Emsschiffahrt. Eindrucksvoll ist das alte Rettungsboot »Otto Hass«, zwischen 1894 und 1922 am Südstrand stationiert und seinerzeit das letzte mit Ruderern bemannte Rettungsboot Borkums. Daß sich die Lebensretter mit diesem zwar solide gebauten, aber offenen Ruderboot auf die orkangepeitschte Nordsee wagten, ist kaum vorstellbar. Dennoch rettete die Besatzung bei zehn Einsätzen mit der »Otto Hass«, 66 Menschenleben.

Im Heimatmuseum »Dykhus«

Die Borkumer Fauna und Flora kann man zum Glück nicht nur im Museum besichtigen, aber hier erhält man über Tiere und Pflanzen nähere Informationen. Die während eigener Insel- und Strandwanderungen erworbenen Beobachtungen lassen sich so vertiefen.

Die Dokumentation des Insellebens zeigt in zahlreichen Exponaten den Wandel, dem Borkum im Laufe seiner Geschichte bis in die modernen Zeiten des Fremdenverkehrs unterlag. Man besichtigt eine komplette alte Wohnküche mitsamt den dazugehörigen Hausgerätschaften; die Wände zieren original Delfter Fliesen. Und in einer Schlafkammer winkt dem vom aufregenden Rundgang ermatteten Besucher die anheimelnde »Butze« –, eines jener Alkovenbetten, die bis weit ins 19. Jahrhundert hinein als traditionelle Schlafstatt der Insulaner galten.

Heimatmuseum »Dykhus«, geöffnet: Mai bis September tägl. 10.00-12.00 u. 16.00-18.00 Uhr, So. u. Mo. geschlossen. Oktober bis April Di. u. Fr. 15.00-18.00 Uhr.

Feuerschiff Borkumriff

Feuerschiffe fungierten vor besonders gefährdeten Fahrwassern im Bereich der Deutschen Bucht als Seezeichen. Sie sicherten die Durchfahrt in diesem durch wechselnde Strömungsverhältnisse und sich ständig verlagernde Sandbänke problematischen Navigationsgebiet, gaben Meldungen weiter und dienten als Wetterstationen. Zusätzlich trat die Besatzung bei Bedarf als Rettungsmannschaft in Aktion. Dabei war sie es manchmal selbst, die in Seenot geriet.

Das Feuerschiff »Borkumriff« im Hafen von Borkum

Die Feuerschiffe wurden äußerst selten zurück in den Hafen beordert. In der Regel wetterten sie schwerste Stürme an ihrer Stammposition auf See ab, um eben gerade in dieser Gefahrensituation anderen Schiffen Orientierung zu bieten. Mehr als einmal sind Feuerschiffe im Sturm gekentert, rissen sich vom Anker los oder wurden gerammt. Und mehr als ein Besatzungsmitglied kam bei diesen gefährlichen Einsätzen ums Leben.

Seit 1888 sicherten Feuerschiffe das Fahrwasser am Borkumriff, wenig später nahm auf einem Vorgänger des heute noch erhaltenen Schiffes die erste Küstenfunkstelle der Welt ihren Betrieb auf. Das Feuerschiff Borkumriff lag auf einer Position 18 Seemeilen nordwestlich Borkums. Den Dienst auf dem 53,7 Meter langen 600-Tonnen-Schiff leisteten zwei Besatzungsschichten zu je 13 Mann in wechselndem Zwei-Wochen-Rhythmus.

Am 15. Juli 1988 wurde das Feuerschiff »Borkumriff« außer Dienst gestellt. Bereits ein knappes Jahr darauf reaktivierte ein Förderverein den noch immer hochseetüchtigen Veteran. So dient das einstige Feuerschiff an seinem Liegeplatz im Schutzhafen als Informationszentrum des Nationalparks Wattenmeer und als Schiffs- und Küstenfunkmuseum. Allerdings verläßt es diesen Liegeplatz hin und wieder für Erkundungsfahrten im Dienste des Naturschutzes.

Feuerschiff Borkumriff: Liegeplatz Schutzhafen (Neuer Hafen), Führungen nach Vereinbarung, Tel. 04922/2030.

Die Franzosenschanze

Östlich des Alten Leuchtturms führt ein schmaler Weg in das Grünland hinein. Gleich hinter dem Sportplatz liegt die Franzosenschanze, eine U-förmige, von einem Wassergraben umgebene Befestigungsanlage. 1811 besetzten 300 französische Soldaten Borkum, um die Insulaner am Schmuggel englischer Handelsgüter zu hindern und somit Napoleons Kontinentalsperre Nachdruck zu verleihen. Der Erfolg dieses Unternehmens blieb vermutlich äußerst bescheiden. Die Borkumer kannten ihre Insel und das Wattenmeer schließlich bedeutend besser als die Franzosen und ließen sich ihr einträgliches Nebengeschäft sicher nicht mehr einschränken als unbedingt nötig. Im Gegenzug zwangen die Franzosen die Einheimischen zu Schanzarbeiten – mitten auf der grünen Wiese errichteten sie eine Wallanlage. Vielleicht spekulierten die Besatzer darauf, daß ein Mann, der den ganzen Tag die Schaufel geschwungen hatte, für nächtliche Schmuggelfahrten zu erschöpft sein würde. Man ärgerte sich gegenseitig nach besten Kräften, und ein Chronist kommentierte diese Zeit abschließend: »Die Besatzung blieb mehrere Monate hier, ruinierte Land und Gärten, und nahm manches Bemerkenswerthe aus alter Zeit mit sich nach Frankreich.«

Der tiefere militärische Sinn dieser Befestigungsanlage wird wohl auf immer verborgen bleiben. Zur Überwachung der Schmuggler lag sie zu weit von der Küste entfernt. Als Fluchtburg für den Fall einer Landung der Engländer hätte sie bestenfalls als Schauplatz einer geordneten Kapitulation gedient. Als Kuriosum ist die Franzosenschanze jedoch allemal einen Spaziergang wert, zumal der schilfreiche Wallgraben ein wohlfrequentiertes Wasservogelrevier ist.

Die Inselbahn und der Hafen

Einer der vielen Gründe, warum man das eigene Auto am besten auf dem Festland läßt, ist die Inselbahn. Wer gerade mit der erfreulichen Aussicht auf einige unbeschwerte Urlaubswochen der Fähre entstiegen ist und mit der gemächlichen Bahn vom Hafen in den Ort fährt, beginnt sofort mit der Erholung. Von der Reede aus gleiten die Waggons auf dem Bahndamm über das Watt. Spätestens nachdem der Zug in die zauberhafte Dünenlandschaft eintaucht, schaltet die Seele einen Gang zurück.

Als zu Beginn der 80er Jahre des 19. Jahrhunderts auch auf Borkum der Fremdenverkehr eine aussichtsreiche Perspektive bot, erwog man den Bau eines Anlegers. Bislang benutzte man das Hopp als Hafen, der zwar wettergeschützt lag, aber tideabhängig war. Außerdem bot das Hopp nur Ankerplätze und keinen Anleger, so daß die Passagiere mit Ruderbooten an Land gebracht werden mußten. Auch das Anlanden von Waren oder Baumaterial war auf diese Art problematisch, das führte der Bau des Neuen Leuchtturms 1879 deutlich vor. Trotzdem waren die Borkumer an diese Zustände gewöhnt. So kam die Initiative zum Bau einer festen Landungsbrücke aus Emden. Als Standort des

Die Inselbahn

geplanten Anlegers wählte die beauftragte Firma Habich & Goth den Priel namens Fischerbalje, dessen Tiefe unabhängig vom Tidestand ausreichendes Fahrwasser garantierte. Der Anleger lag ein ganzes Stück weit im Meer. Auch wenn ihn ein Damm mit der Insel verband, war die Entfernung bis zum Ort nicht unerheblich. Die Bahn half diesem Problem ab. Die Baufirma erstellte sie zusammen mit der Landungsbrücke. Im Mai 1888 rollte der erste Zug auf der neuen Strecke, deren Gleiskörper über dem Watt auf einem Holzgerüst verlief, was hohe technische Anforderungen stellte.

Ab 1937 wurde der Hafen im Zuge des militärischen Inselausbaus zur Seefestung erweitert, der Schutzhafen (oder auch »Neue Hafen«) entstand ebenso wie eine parallel zu den Gleisen verlaufende Betonstraße. Diese Straße und der nach dem Krieg ansteigende Autoverkehr führten zeitweise sogar zur Überlegung, den Bahnbetrieb ganz einzustellen. Klugerweise verzichtete man auf die Durchführung dieses Plans. Denn obwohl seit 1990 nur noch eingleisig betrieben, ist die Inselbahn weit mehr als eine nostalgische Attraktion. Mit ihrer Fähigkeit, ein Vielfaches an Passagieren zu befördern als jeder Omnibus, leistet sie einen wertvollen Beitrag zum sauberen Inselklima. Natürlich dauert die Fahrt per Bahn etwas länger – aber was ist schon Zeit auf einer Insel wie Borkum.

Inselbahn-Haltestellen: Borkum-Reede, Jacob-van-Dyken-Weg, Bahnhof Borkum. Die Bahn verkehrt März bis Oktober, während der übrigen Zeit gibt es eine Busverbindung. Informationen: Tel. 04922/3090.

Meerwasser-Wellen-Hallenbad

Die Schlechtwetter-Alternative zum Strand ist das Meerwasser-Wellen-Hallenbad im Kur- und Dünenpark. Bei 27°C hat man die Nordsee richtig gern, und der Spaß kommt nicht zu kurz: Mit einem 50 x 25 Meter-Becken ist das Borkumer Meerwasser-Wellen-Hallenbad das größte seiner Art in Europa. Für ordentlichen Seegang sorgen Wellen bis zu einer Höhe von einem Meter. Sauna, Solarium und das Milchbar-Café mit Freiterrasse stehen ebenfalls zur Verfügung. Für Kinder werden spezielle Schwimmkurse angeboten.

Meerwasser-Wellen-Hallenbad, Geöffnet Mo.-Do. u. Sa. 8.30-12.00 Uhr u. 14.00-19.00 Uhr, Fr. 8.30-12.30 Uhr u. 14.00-20.00 Uhr, So. 9.00-12.00 Uhr. Letzter Einlaß ist jeweils 45 Minuten vor Schließung.

Nordsee-Aquarium

Wer nicht gerade passionierter Taucher ist, sieht von der Nordsee-Unterwasserwelt in aller Regel bestenfalls das, was im Fischrestaurant auf den Teller kommt. Diese Informationslücke schließt ohne die Verwendung von Taucherbrille, Sauerstoffflasche und Schwimmflossen ein Besuch im Nordsee-Aquarium an der Südstrand-Promenade (Sonnenterrasse). Trockenen Fußes läßt sich hier die faszinierende Welt unterhalb des Meeresspiegels erkunden.

Nordsee-Aquarium: Ganzjährig geöffnet, tägl. 10.00-12.00 Uhr u. 14.00-17.00 Uhr.

Badefreuden

Borkum gesundheitshalber

Jeder Atemzug ist Medizin

Borkum ist, abgesehen von Helgoland, Deutschlands einzige Insel mit Hochseeklima. Dabei besteht gegenüber Helgoland der Vorteil, daß die ostfriesische Insel wesentlich schneller und mehrmals täglich zu erreichen ist. Die heilsame Wirkung des Inselklimas attestierte bereits 1838 der nach Borkum übergesiedelte Arzt Dr. Ripking, der sechs Jahre später einen Verkehrsverein gründete und für die ersten Badeeinrichtungen sorgte.

Gesund ist vor allem die salz- und jodhaltige Seeluft, die annähernd unbelastet von Abgasen jeglicher Art und fast ständig von Wind bewegt ist. Das saubere Meerwasser und die durch die Weite des Horizonts intensiv nutzbare UV-Strahlung sind weitere gesundheitsfördernde Faktoren. Die unmittelbare Meernähe sorgt für konstante Luftfeuchtigkeit. Bedingt durch die Auswirkungen des Golfstroms sowie die wärmespeichernden Eigenschaften des Wassers verspäten sich Frühling und Herbst um etwa drei Wochen. Extreme Temperaturschwankungen kommen unter diesen Voraussetzungen kaum zustande.

Die Klimaveränderung registriert der Borkum-Gast sehr schnell. Die Aktivierung des Stoffwechsels äußert sich während der ersten Aufenthaltstage meist durch eine leichte Müdigkeit des Körpers. Bald jedoch bestätigt eine verbesserte Konstitution den einsetzenden Erholungseffekt.

Das reichhaltige Borkumer Kurangebot läßt sich für alle angebotenen Heilanzeigen ganzjährig erfolgversprechend wahrnehmen. Für spezielle Beschwerden versprechen jedoch bestimmte Jahreszeiten gezielt Linderung. Das Frühjahr ist mit gleichmäßiger und besonders intensiver Sonnenbestrahlung besonders für die Bekämpfung von Erkältungen und chronischen Atemwegserkrankungen geeignet. Im Sommer therapiert man optimal Haut- und Atemwegsbeschwerden. Zur Behandlung von Herz- und Kreislaufbeschwerden eignet sich der Herbst hervorragend, der Winter bietet ideale Bedingungen zum Auskurieren fast aller Kinderkrankheiten.

Bei folgenden Krankheiten verspricht eine Borkum-Kur Aussicht auf Besserung und Heilung:

- Erkrankungen der Atemwege wie unspezifische Erkrankungen der oberen und unteren Luftwege, z.B. chronische Katarrhe der Nase, der Nebenhöhlen, des Kehlkopfes, chronischer Bronchitis, Lungenemphysem.

- Vegetative Störungen wie Herz- und Kreislaufstörungen, Schlaflosigkeit, körperliche und seelische Erschöpfungszustände.

- Allergische Erkrankungen wie Asthma bronchiale, Heuschnupfen, chronische allergische Ekzeme.

- Erkrankungen des rheumatischen Formenkreises wie Gelenkverschleiß, Verschleiß im Bereich der Wirbelsäule.

- Erkrankungen und Entwicklungsstörungen im Kindesalter wie Bindegewebs- und Haltungsschwächen, körperliche und seelische Reifestörungen.

- Hormonelle- und Stoffwechselstörungen wie Unterfunktion der Schilddrüse und der Geschlechtsdrüsen, Fettsucht, Diabetis mellitus.

- Chronische Hautleiden wie Neurodermitis, Schuppenflechte, Akne, Ekzeme.

- Frauenkrankheiten wie ovarielle Insuffizienz, chronische Entzündungen, vegetative und klimakterische Beschwerden.

- Rekonvaleszenz nach schweren Operationen und Erkrankungen.

So gesund das Reizklima an der Nordsee in der Regel auch ist, gibt es doch einige Krankheiten, die einen Aufenthalt auf Borkum nicht sinnvoll erscheinen lassen. Eine solche Gegenanzeige besteht bei dekompensierten Herz- und Kreislauferkrankungen, aktiver Lungentuberkulose, akuten rheumatischen Erkrankungen, entzündlichen Erkrankungen der Nieren- und Harnwege, hochgradigem Bluthochdruck, starker Überfunktion der Schilddrüse sowie akuten Nerven- und Geisteskrankheiten.

Wie gesagt: Der Aufenthalt auf Borkum ist bereits ein Kurangebot an sich. Wer bei einem Spaziergang im Bereich der Brandungszone die aerosolhaltige Luft einatmet, barfuß durch den Schlick watet und bewußt die Ruhe genießt, hat schon viel für seine Gesundheit getan. Das bedeutet jedoch beileibe nicht, daß sich das Borkumer Kurangebot auf die natürlich vorhandenen Gegebenheiten reduziert. Neben ortsgebundenen Heilmitteln wie den Borkumer Naturschlickpackungen und -bädern, Meerwasserbädern und Meerwasserinhalationen erhält man Heilmassagen, Unterwassermassagen, Elektrogalvanische Bäder, Luftsprudel-, Sauerstoff-, Kohlensäure-, Kleie- und Schwefelbäder. Therapeutische Maßnahmen wie Sole- und Lichtbehandlungen, Bewegungsübungen in Meeressole, Rückenschule, Atemtherapie, Kneipp'sche Anwendungen, Lymphdrainage, Sauna und Solarium unterstützen die Kur.

Die Wege zur Kur

Zu kurz sollte eine Kur nicht bemessen sein. Nachhaltiger Erfolg stellt sich erst ab einem Mindestaufenthalt von drei Wochen ein. Speziell bei Kinderkuren sollten die Betroffenen eher sechs Wochen verweilen, um langfristige Linderung ihrer spezifischen Leiden zu erzielen.

Bei einem längeren Inselaufenthalt stellt sich zwangsläufig die Frage nach der Finanzierung. Natürlich darf man eine Kur auch aus eigener Tasche bezahlen. Zwei Kur-Varianten werden jedoch von den Krankenkassen gefördert:

Die offene Kur

Um eine sogenannte »offene«, also nicht mit einem Klinikaufenthalt verbundene Badekur vorzunehmen und den größten Teil der damit verbundenen Kosten von der Krankenkasse erstattet zu bekommen, muß die Notwendigkeit dieser Maßnahme von einem Arzt bestätigt werden. Nach der Verschreibung

Gymnastik am Strand

holt man die Genehmigung der Krankenkasse ein und bucht im Falle der Bestätigung selbständig in freier Wahl eine Unterkunft auf Borkum. Während die Kasse meist ca. 90 Prozent der Kur- und Behandlungskosten trägt, liegt der tägliche Zuschußbetrag für Reisespesen und Unterbringung lediglich bei 15 DM – ein wenig muß man also schon dazuzahlen. Wichtig ist, daß man bei Antritt der Kur eine Kostenübernahmebescheinigung der Krankenkasse vorlegen kann. Die Kosten der Kuranwendungen werden dann direkt mit der Kasse abgerechnet. Liegt die Bescheinigung bei Kurbeginn nicht vor, müssen die Anwendungen aus eigenen Mitteln vorfinanziert werden!

Erst nach Buchung der Unterkunft (bei der Vermittlung helfen Kurverwaltung oder Zimmernachweis, siehe auch »Adressen«) erfolgt die Anreise. Die Kur selbst beginnt immer mit dem Besuch eines der zugelassenen Badeärzte. Um Wartezeiten vor Ort zu vermeiden, ist es günstig, schon einige Tage vor der Reise einen Termin zu vereinbaren (siehe auch »Adressen«). Der Badearzt legt dann die im jeweiligen Fall nötigen Therapien und Anwendungen fest.

Die stationäre Kur

Die stationäre Kur entspricht einem Klinikaufenthalt und wird in der Regel bei Rehabilitation, Vorbereitung auf Reha-Maßnahmen, Operation oder massiven Beschwerden verordnet. Bei einer solchen Kur beträgt die finanzielle Eigenleistung lediglich 12 DM pro Tag. Unter besonderen Umständen wird auch auf

jegliche Zuzahlung verzichtet. Genauere Auskunft dazu erteilt die Krankenkasse.

Die Kurtaxe

Fremdenverkehr bringt einer Gemeinde Geld, aber er kostet auch einiges. Die
Erhebung einer Kurtaxe ist das übliche Mittel, den Aufwand für Erneuerung
und Unterhaltung der Fremdenverkehrseinrichtungen zu decken.

Als weitere Gegenleistung für den Kurbeitrag erhält der Gast eine Kurkarte,
deren Besitz vielerlei Vergünstigungen gewährt. Während der Saison bietet sie
freien Eintritt bei den Kurkonzerten, bei Kinderveranstaltungen, Strandgym-
nastik und anderen Freizeitangeboten. Außerhalb der Saison gewährt sie freien
Eintritt in die Lesehalle und zu Kurarztvorträgen, Kinder können unentgeltlich
das Angebot im beaufsichtigten Kinderspielhaus nutzen. Ermäßigte Eintritts-
preise verschafft die Kurkarte beim Besuch des grandiosen Meerwasser-Wellen-Hallenbads und bei kostenpflichtigen Sonderveranstaltungen.

Die Kurbeitragspflicht beginnt unmittelbar mit der Ankunft auf der Insel.
Gleichzeitig beginnt natürlich auch die Möglichkeit, die damit verbundenen
Vergünstigungen wahrzunehmen. Die Vermieter verschaffen ihren Gästen
bereits bei Ankunft diese Vorzüge. Lassen Sie sich ein Anmeldeformular
vorlegen und füllen Sie es umgehend aus. Bei einem Aufenthalt bis zu drei
Übernachtungen erwirbt man die Kurkarte direkt beim Vermieter, ansonsten
bei der Kurverwaltung (Goethestraße 1) oder am Kundenschalter im Kurmittelhaus (Goethestraße 27).

Der Tagestarif (Stand 1994) beträgt während der Hauptsaison (15.5. – 30.9.)
bzw. Nebensaison (1.10. – 14.5.): Für Personen über 18 Jahre 5,00 DM / 2,70 DM,

Das Kurhaus mit Schwimmbad

Hauptstrand mit Musikpavillon

für das erste Kind einer Familie und Alleinreisende vom vollendeten 6. bis zum vollendeten 18. Lebensjahr 1,30 DM / 0,50 DM, für das zweite Kind einer Familie 0,50 DM bzw. frei. Für Kinder bis zur Vollendung des 6. Lebensjahres sowie dritte und weitere Kinder einer Familie muß kein Kurbeitrag entrichtet werden.

Borkums saubere Umwelt

Zum Erfolg einer Kur oder eines Ferienaufenthaltes gehört das Naturerlebnis. Inselbewohner sind meist – und nicht erst in jüngerer Zeit – ausgesprochen sensibel für umweltbedingte Veränderungen. Schließlich war es für sie stets eine Existenzfrage, die Natur zu beobachten. Fluthöhen, Dünenbefestigungen, Fischzüge galt es richtig einzuschätzen. Und heute, da die Stütze der Inselwirtschaft im Fremdenverkehr liegt, ist der Erhalt einer intakten Umwelt besonders problematisch. Mehr Menschen als je zuvor bevölkern die Insel, über 150 000 Gäste pro Jahr besuchen Borkum nicht zuletzt wegen der gesunden Umwelt. Damit die Natur nicht Schaden nimmt, bedarf es einiger Einrichtungen und Bemühungen – auch seitens der Gäste.

Bereits seit 1975 gibt es auf Borkum eine vollbiologische Kläranlage, seit 1985 bezieht man zusätzlich Strom aus einem Blockheizkraftwerk. Seit 1988 drehen sich Windkraftwerke, mit deren Energie versuchsweise auch eine Meerwasserentsalzungsanlage betrieben wurde. 1989 erhielt die Kläranlage eine dritte, chemische Reinigungsstufe zur Stickstoffeliminierung und Phosphatreduktion, weitere Verbesserungen sind geplant.

Salzwiesen am Rande des Wattenmeers

Bereits lange vor der Einführung des »Dualen Systems« wurden auf Borkum die Abfälle getrennt erfaßt und einer sinnvollen Wiederverwendung zugeführt. Der einheimische Handel verzichtet auf den Verkauf von Einwegdosen und vermeidet nach Möglichkeit überflüssiges Verpackungsmaterial. Viele Lebensmittel, unter anderem auch Milch, werden »lose« verkauft. Alle Erfrischungen und Speisen im Strandbereich werden auf Mehrweggeschirr angeboten. Fast alle Pensionen und Hotels unterstützen diese Initiativen, indem das Personal beispielsweise bei der Zubereitung der Mahlzeiten ebenfalls auf Abfallvermeidung achtet.

An alle Borkumbesucher richtet sich der Appell, nach Möglichkeit auf umweltbelastende Produkte zu verzichten und naturschädigende Artikel wie Weichspüler, Luftverbesserer oder ähnliches gar nicht erst mit auf die Insel zu nehmen. Ein wesentlicher Beitrag zum Erhalt der Inselnatur ist natürlich auch der Verzicht auf die Mitnahme eines eigenen Kraftfahrzeugs, mit dem auf Borkum ohnehin nicht viel anzufangen ist.

Urlaub ohne Stau – die fast autofreie Insel

Borkum ist mit einer Autofähre zu erreichen, Besucher können also ein eigenes Kraftfahrzeug mitbringen. Empfehlenswert ist das allerdings nicht. Auf Borkum bestehen rigorose Verkehrsbeschränkungen: Der zentrale Ortsbereich ist überwiegend für Kraftfahrzeuge gesperrt. Ausgenommen sind nur Fahrzeuge mit spezieller Genehmigung. Diese Ausnahmegenehmigungen gelten nur für die Fahrten vom Anleger »Borkum-Reede« zu der eventuell innerhalb der Sperrzone gelegenen Unterkunft und zurück. Man erhält diese An- und Abfahrtsgenehmigungen am Informationsstand am Anleger.

Weiterführende Fahrerlaubnisse erhalten Gehbehinderte nach Vorlage eines roten oder grünen Schwerbehindertenausweises mit Kennzeichnung »aG« im Rathaus Borkum-Stadt (Neue Straße 1). Gehbehinderte mit einem Schwerbehindertenausweis der Kategorie »G« müssen für den Erhalt der Genehmigung im Rathaus ein amtsärztliches Gutachten vorlegen, das die spezielle Einschränkung der Gehfähigkeit bestätigt (Formblätter für das amtsärztliche Gutachten können im Rathaus Borkum-Stadt vorab angefordert werden, Tel. 04922/303-222).

Die Parkmöglichkeiten auf der Insel sind ebenfalls stark eingeschränkt. Parkplätze stehen Am langen Wasser, Ankerstraße Oppermanns-Pad, Upholmsstraße, vor dem FKK-Strand und am Anleger »Borkum-Reede« zur Verfügung. Zwischen Juni und August sind die öffentlichen Einstellplätze allerdings so stark ausgelastet, daß eine Parkplatzreservierung beizeiten über den Vermieter erfolgen sollte. Die rechtzeitige Buchung des Platzes auf der Autofähre ist ebenfalls ratsam.

Borkum ist zwar mit 36 Quadratkilometern Fläche die größte der Ostfriesischen Inseln, doch ein Auto ist hier keine zwingende Notwendigkeit. Für die ebenso entspannte wie effektive Fortbewegung stehen Fahrräder, Pferdekutschen, Omnibusse, Taxen, die Inselbahn und nicht zuletzt die eigenen Beine zur Verfügung. Selbst als »Transportesel« beim Einkaufen kann man auf das Auto getrost verzichten: Die Borkumer Händler liefern bei Bedarf die Ware ohne Aufpreis frei Haus.

Ein weiteres Argument für den autofreien Inselurlaub ist der Kostenfaktor. Die Fährpassage für einen PKW der Mittelklasse kostet auf der Strecke Emden-Borkum-Emden ca. 160-180 DM (nur für den Wagen, jede Person bezahlt weitere 44 DM). Parkt man dagegen – falls die Anreise überhaupt per Auto erfolgt – sein Gefährt in den bewachten »Borkum-Garagen«, knapp 300 Meter vom Anleger der Borkum-Fähre in Emden entfernt, zahlt man lediglich 3,80 DM pro Tag für einen Hofstellplatz oder 4,80 DM für einen überdachten Stellplatz. Drei Wochen »Borkum-Garagen« kosten also nur 79,80 DM, und falls man während eines längeren Borkum-Aufenthalts einmal einen Ausflug auf dem Festland unternehmen möchte, steht der Wagen dort zur Verfügung. Andernfalls müßte er erneut unter bereits erwähnten Kosten von der Insel zum Festland und retour transportiert werden – ein teures Vergnügen. Die Kapazität

Blick in den Hafen von Borkum

der »Borkum-Garagen« ist so groß, daß es selbst während der Hochsaison keiner Platzreservierung bedarf.

Bei einer Anreise mit dem PKW über Eemshaven verhält es sich ähnlich. Auf dieser Route ist die Passage zwar etwas günstiger, doch steht auch hier eine Garage zur Verfügung, deren Platzmiete im Vergleich zum KFZ-Transport die weitaus günstigere Alternative darstellt.

Naturerlebnis Borkum

Der Nationalpark Niedersächsisches Wattenmeer

Auf den ersten Blick empfindet ein Gast, der noch nie zuvor die Nordseeküste besucht hat, das Wattenmeer rund um Borkum vielleicht als eine relativ unspektakuläre Landschaft. Doch was von weitem wie Ödland aussieht, ist dichtbesiedelter Lebensraum. Einsam ist man hier garantiert nicht: Pro Quadratmeter Wattboden zählten akribische Wissenschaftler bis zu 40 000 *Schlickkrebse*, 270 000 *Wattschnecken* oder 10 000 *Pfeffermuscheln*. Das pulsierende Leben ist sogar hörbar – Schlickkrebse erzeugen bei der Nahrungsaufnahme ein dezentes Geräusch, dessen millionenfache Aussendung sich im Watt zu einem kleinen, aber feinen Knistern summiert.

Für diese und andere Kleinlebewesen bietet das Watt mit seiner zweimal täglich tidenbedingten Frischwasserspülung ein ideales Umfeld. Pflanzen und Kleinlebewesen machen wiederum aus dem Watt ein Paradies für viele Vogel- und Fischarten. Zwei bis drei Millionen Zugvögel versorgen sich jährlich bei ihrem Aufenthalt im Wattenmeer mit den nötigen Fettreserven, die sie für den Rückflug in ihre Brutgebiet und für die erfolgreiche Fortpflanzung brauchen. Die Strömung trägt jedes Frühjahr Eier und Larven vieler Fischarten in das Wattenmeer. So hat diese Region für etliche Nordseetiere die wichtige Funktion einer »Kinderstube«.

Das Wattenmeer der Nordsee ist einzigartig. Obwohl 70 Prozent der Erdoberfläche von den Weltmeeren bedeckt ist, findet man weltweit keine Region, die exakt gleiche Bedingungen bietet wie diese. Selbst im Gebiet der Nordsee ist das Wattenmeer ein exotischer Bereich. Es zieht sich zwar von Den Helder (Niederlande) bis Esbjerg (Dänemark) über eine ansehnliche Küstenlänge, aber von der Gesamtfläche der Nordsee macht es lediglich 1,5 Prozent aus.

Etwa 60 Prozent dieses sensiblen Lebensraums liegen im Hoheitsgebiet der Bundesrepublik Deutschland. Zum Schutz des Wattenmeeres wurden mehrere Küstenabschnitte als Nationalparks ausgewiesen. Das Gebiet um Borkum ist Teil des seit 1986 zwischen Emden und Cuxhaven eingerichteten, etwa 240 000 ha großen »Nationalpark Niedersächsisches Wattenmeer«, auch die Insel selbst gehört dazu. Naturschutz und Fremdenverkehr sind ohne Reglementierungen kaum zu vereinbaren. So ist Borkum in drei unterschiedliche Zonen eingeteilt.

Ruhezone: Hier gelten die strengsten Schutzbestimmungen, da sich in der Ruhezone die am meisten gefährdeten Tier- und Pflanzenarten befinden. Wattwandern, Wandern, Radfahren, Reiten und Kutschfahrten sind ganzjährig auf dafür speziell markierten Wegen erlaubt, ansonsten gilt generelles Betretungsverbot. Zur Ruhezone auf Borkum gehören die Bereiche: Muschel-

Folgende Seiten: Blick übers Wattenmeer bei Ebbe

feld/Waterdelle/Hinterwall, der Strandbereich um Hoge Hörn, die Außenweide mit dem Tüskendörsee, die Greune Stee, der Südstrand, die Ronde Plate und der Polder nördlich der Reedestraße. Absolut nicht betreten werden dürfen die Vogelinsel Lütje Hörn sowie die Seehundbank Hohes Riff. Wassersportler sollten einen Abstand von mindestens 500 Metern zu diesen Gebieten einhalten. Die Ruhezonen des Wattenmeeres (vor Borkum fast sämtliche vorgelagerten Flächen zwischen Hoge Hörn und Ronde Plate) dürfen in der Zeit von drei Stunden nach bis drei Stunden vor mittlerem Tidehochwasser (MTHW) nur auf den ausgewiesenen Fahrwassern befahren werden.

Zwischenzone: In diesem Bereich ist der freie Zutritt zumindest zeitweise erlaubt. Die Schutzmaßnahmen der Zwischenzone dienen dennoch dem Erhalt des Landschaftscharakters. So ist die Störung wildlebender Tiere in ihren Lebensräumen natürlich auch hier untersagt. Als Störung gilt beispielsweise die allzu aufdringliche Fotopirsch enthusiastischer Hobby-Tierfilmer oder selbstverständlich auch der Versuch, den Naturgenuß durch Inbetriebnahme eines Gartengrills kulinarisch abzurunden. Hunde sind – außer bei offiziell ausgeübter Jagd – anzuleinen. Zwischen dem 1. April und dem 31. Juli, während der Hauptbrutzeit, darf das seewärts gelegene Deich- oder Dünenvorland nur auf den markierten Wegen betreten werden. Die Zwischenzone umfaßt auf Borkum den Nordstrand, das Dünengebiet auf dem Ostland, die Upholm-, Bantje-, Wolde- und Süddünen sowie den Bereich der Binnenweide um das Hopp herum.

Erholungszone: In diesem Bereich ist der Erholungs- und Kurbetrieb im Rahmen der örtlichen Bestimmungen freigestellt. Auf Borkum zählen alle Badestrände von Südwest bis Nord dazu, also vom Südbad bis zum FKK-Strand.

Die in der Ruhezone und in der Zwischenzone zugelassenen Wege sind durch Pfähle gekennzeichnet:

- **Grüne Makierung**: Wanderwege
- **Rote Makierung**: Reitwege.

Die genauen Markierungen sind den sogenannten Nationalparkkarten zu entnehmen, die kostenlos bei der Kurverwaltung ausliegen.

Dünen – die Gebirge der Nordseeküste

Dünen sind Naturwunder. Scheinbar aus dem Nichts entsteht ein gewaltiger Sandwall dort, wo noch einige Jahre zuvor flaches Gelände war. Manchmal hilft kundige Menschenhand dieser Entwicklung durch einige Kunstgriffe nach, wie im Fall des Borkumer »Hindenburgdamms«. Doch meist ist es die Natur allein, die in kurzer Zeit mehrere Meter Sand auftürmt und so als Landschaftsarchitekt wirkt.

Dünenschutz ist Küstenschutz

Während der Ebbe trocknen Sandbänke und Strände an der Oberfläche ab. Der Wind verweht den unverfestigten Sand, und wo Sandhaufen über die Hochwasserlinie herauszuragen beginnen, entstehen Primärdünen – fragile Gebilde, die ein heftiger Sturm oder eine höhere Flut wieder vernichten kann. Erst allmählicher Pflanzenbewuchs (in erster Linie Strandhafer) durchwurzelt den lockeren Sand, festigt die Düne und läßt sie noch wachsen durch Sandablagerungen, die sich im Windschatten dieser Pflanzen bilden. Diese Dünen liegen zumeist im ufernahen Bereich. Ältere Dünen liegen etwas windgeschützter im Inselinneren. Ihr Pflanzenbewuchs ist deutlich vielfältiger ausgeprägt, die Oberfläche besteht bereits aus einer dünnen Mutterbodenschicht.

So schnell, wie sich Dünen bilden, können sie auch wieder verschwinden. Das gilt sogar für alte, scheinbar längst verfestigte Dünen. Wenn der Pflanzenbewuchs Schaden nimmt, hindert den Wind nichts daran, sein einmal geschaffenes Werk wieder fortzublasen. So dienen die Wegebeschränkungen des Nationalparks nicht dem Artenschutz allein, sondern auch dem Erhalt der Dünen. Wird die Vegetation durch wilde Trampelpfade, Abpflücken von Pflanzen, Lagern oder Reiten zerstört, bricht selbst bei alten Dünen die Humusdecke auf. Der darunterliegende Sand wird erneut verblasen und sorgt seinerseits für weiteres Unheil. Der vielfältige, aber weniger robuste Bewuchs der Binnendünen nimmt durch schmirgelnde Sandkörnchen Schaden, stirbt ab und reißt so neue Löcher in den Dünengürtel. Auf diese Weise sind schon Inseln untergegangen, denn intakte Dünen wirken als natürliche Wellenbrecher, die im übrigen nicht bloß die Inseln, sondern auch die Festlandküste schützen. »Dünenschutz ist Küstenschutz!« lautet eine alte Devise an der Nordseeküste. Die Bitte der Naturschützer, innerhalb des Dünengeländes nicht von den eigens angelegten Wegen abzuweichen, entspricht also einer zwingenden Notwendigkeit. Auch auf diesen Wegen bietet ein Spaziergang durch die Dünenlandschaft reichlich Gelegenheit, die Pflanzen- und Tierwelt zu beobachten.

Wandern im Watt

Eine Wattwanderung ist nicht weniger erholsam als ein Bad und interessant obendrein. Wattwandern macht Spaß. Die gute Luft, die vielen kuriosen Tiere, der fußfreundliche Boden – gerade an strahlenden Sommertagen vergißt man leicht die Gefahren, die einen allzu sorglosen Wanderer hier bedrohen. Wer in Unkenntnis der regionalen Verhältnisse sorglos die eigenen Fähigkeiten überschätzt, kann in Schwierigkeiten geraten – das ist am Meer nicht anders als in den Bergen.

So ist es ein nicht selten begangener Irrtum, eine Wattwanderung bei Niedrigwasser zu beginnen, zu dem Zeitpunkt also, da die Ebbe ihren niedrigsten Stand erreicht hat. Bereits unmittelbar danach setzt die Flut ein. Wer bei Niedrigwasser eine Wattwanderung startet, läuft der Flut entgegen!

Ein großes Risiko sind Solotouren, weshalb Wattwanderungen nur unter Anleitung eines staatlich geprüften Wattführers unternommen werden dürfen. Auch wenn der weite Horizont lockt: Gehen Sie nicht allein. Im Fall der Fälle gibt es sonst niemanden, der Hilfe holen kann. Ein an einer Muschelschale verletzter Fuß kann schon Ursache dafür sein, daß eine sonst in kurzer Zeit problemlos bewältigte Entfernung eben nicht in kurzer Zeit bewältigt wird. Nichts ist unmöglich, und sicher ist nur eines: Die nächste Flut kommt garantiert pünktlich. Auch wenn der Rückweg scheinbar noch trocken ist, kann rasch ein vollaufender Priel den Weg verlegen. Diese Wassergräben sind nicht so ohne weiteres zu durchqueren. Die Strömung in ihnen kann selbst geübten Schwimmern zum Verhängnis werden, und es gibt in den Prielen manchmal darin Schlicknester, in denen rettungsloses Versinken möglich ist.

Natürlich sollten Inselgäste keinesfalls auf eine oder möglichst mehrere Wattwanderungen verzichten. Es ist aber auf jeden Fall anzuraten, an einer der zahlreich angebotenen geführten Wanderungen (siehe »Adressen-ABC«) teilzunehmen, nicht bloß aus Sicherheitsgründen. Wie bereits erwähnt, erschließen sich die Besonderheiten des Wattenmeeres dem Fremden nicht unbedingt auf den ersten Blick. Ein kundiger Führer verweist auf viele Dinge, die dem Wanderer sonst sicher entgehen würden. Für eine Sicherheitsmaßnahme muß jedoch auch der Teilnehmer einer geführten Wattwanderung selbst sorgen: Da im Watt das Sonnenlicht besonders intensiv reflektiert wird, sollte man sich ausreichend mit einem Sonnenschutzmittel einreiben.

Schmatzende Krebse und schnorchelnde Muscheln – Wunderwelt Wattenmeer

Eine Wattwanderung beginnt am Spülsaum, jener magischen Linie, bis zu der die Wellen bei Normalhochwasser schlagen. Zwischen Spülsaum und Watt kann durchaus noch Gras wachsen. Diese seewasserbeständigen Gräser bilden die Salzwiesen, auch »Heller« genannt. Etwa 2000 Tierarten, überwiegend Insekten, finden hier ihren Lebensraum.

Vor den Salzwiesen oder dem Strand beginnt das Schlickwatt. Die an das Ufer schlagenden Wellen transportieren winzige Schwebstoffe, aus denen Schlick entsteht. Diese Teilchen setzen sich nicht auf dem Spülsaum ab, sondern erst, wenn das Wasser wieder zurückweicht. Die strandnahe Schlickzone ist das Revier des *Quellers*, einer grünährigen Pflanze mit fleischigen Zweigen und zurückgebildeten Blättern, die bis zu 30 cm hoch wächst. Die Tierwelt ist in dieser Region ebenfalls reichlich vertreten. Die vielen Poren im Wattboden sind nämlich kein Werk der Wellen, sondern auf umtriebige *Wattschnecken* zurückzuführen, von denen sich bei Ebbe etliche eingraben. Andere ziehen auf dem Weg zu nahrhaften Algen Schleifspuren durch den Schlick. Man muß jedoch schon gut hinsehen – die Wattschnecke mißt samt Gehäuse nur wenige Millimeter.

Kaum größer ist der *Schlickkrebs*, der es auf ausgewachsene 15 Millimeter bringt, wobei die Hälfte dieser imposanten Länge auf die Fühler entfällt. Sie hausen in U-förmigen Röhren, die sie im Sommer etwa vier Zentimeter, im Winter aus Frostschutzgründen zwölf Zentimeter tief anlegen. Ihre hohe Zahl

Muschelfeld im Watt

garantiert den Fisch- und Vogelreichtum im Wattenmeer, denn sie dienen vielen Arten als bevorzugte Nahrung. Sie selbst haben für Mahlzeiten auch einiges übrig – ihr kollektives wisperndes Schmatzen ergibt das bei Windstille deutlich vernehmbare Knistern.

Nach der ufernahen Schlickwattzone folgt das Mischwatt, dessen Boden aus einem Schlick-Sand-Gemenge besteht. Auch hier blüht kurioses Leben im Verborgenen. Unter der Bodenoberfläche liegen nämlich schnorchelnde Muscheln. Wenige Zentimeter tief graben sich *Herzmuscheln* ein und strecken jeweils eine Ein- und Ausströmungsröhre zur Oberfläche. Bis zu 5000 Herzmuscheln stecken in einem Quadratmeter Wattboden!

Auf noch tieferer Tauchstation (bis zu 30 cm) steckt die *Sandklaffmuschel*, mit bis zu 15 Zentimetern Länge eine der größten heimischen Muschelarten. Sie hält mittels eines entsprechend langen Siphos Verbindung zur Oberfläche, um Sauerstoff und Nahrung aus dem Wasser zu filtern. Dieses schlauchartige Organ ist beweglich und von einer faltigen, braunen Haut umgeben. Registriert die Sandklaffmuschel Erschütterungen des Wattbodens, verursacht etwa durch Wattwanderer, zieht sie den Sipho ruckartig ein. Der noch im Sipho befindliche Wasserrest wird durch diese Kontraktion fontänenartig über die Oberfläche hinausgespritzt. Mit der bis zu 20 Zentimeter hohen Fontäne verraten die Muscheln dem aufmerksamen Wanderer ihren Standort. Ausgewachsene Sandklaffmuscheln können ihren Standort nicht mehr wechseln. Verändert sich an ihrer Position das Bodenniveau, sterben sie ab. An den sich ständig verändernden Prielkanten treten oft ganze Kolonien abgestorbener Sandklaffmuscheln zutage, deren senkrecht stehenden, messerscharfen Schalenränder für barfußgehende Wattwanderer eine Gefahr sind.

Der für den Wanderer auffälligste Bewohner des Mischwatts ist jedoch der *Wattwurm*, dessen geringelte Sandkothäufchen überall zu sehen sind. Der 15-20 Zentimeter lange Wurm lebt in einer U-förmigen Wohnröhre, 25 Zentimeter tief im Wattboden. In seiner Röhre steckend, saugt der Wurm Sand in sich hinein, dem er Kleinstlebewesen und Pflanzenreste entzieht. So entstehen auf dem Watt die kleinen, trichterförmigen Vertiefungen. Sobald sein Darm gefüllt ist, kriecht der Wurm rückwärts zur Oberfläche und produziert die charakteristischen Sandkotkringel. Was ein Regenwurm für den Komposthaufen, ist der Wattwurm für das Watt: Sie reinigen den Boden. Die Sandkotkringel sind gereinigter Wattboden und kein Schmutz, der Wanderer muß also nicht auf Zehenspitzen durchs Watt laufen. Die Leistungsfähigkeit dieser Würmer ist verblüffend. Durch den Körper eines einzigen Wattwurms wandern jährlich bis zu 25 Kilo Sand! 20 Würmer verarbeiten in demselben Zeitraum einen Quadratmeter Wattboden vollständig bis zu einer Tiefe von 25 Zentimetern.

In Wassernähe geht das Mischwatt langsam in reines Sandwatt über. Es ist das Revier der Seegraswiesen und verschiedener Krebsarten, vor allem aber bilden sich hier ganze Kolonien von blauschwarzen *Miesmuscheln*. Die Miesmuscheln liegen nicht nur unterhalb der Niedrigwasserlinie, sondern auch auf dem Sandwatt, wo sie bei Ebbe trockenfallen. Sie graben sich nicht ein, sondern verbinden sich mit Sekretfäden, sogenannten »Byssusfäden«, zu regelrechten Muschelbänken. Unter günstigsten Bedingungen erreichen sie dabei eine Dichte von bis zu 12 000 Stück pro Quadratmeter. Miesmuscheln sind ziemlich widerstandsfähig: Während sommerlicher Temperaturen überleben sie selbst auf dem Trockenen tagelang, im Winter ertragen sie monatelange Abgeschlossenheit im Eis. Allerdings können Eisschollen vor allem im Wattenmeer ganze Muschelbänke »abrasieren«.

Im Watt liegend, aber eigentlich – da sie auch bei Ebbe nicht vollständig trockenfallen – zum Meer gehörend, bilden die Priele eine eigene Zone des Wattenmeeres. Hierhin zieht sich allerlei Getier während der Ebbe zurück, um die nächste Flut abzuwarten. Neben *Strandkrabben*, *Einsiedlerkrebsen* und *Nordseegarnelen* verweilen hier auch Fische wie *Aale* und *Schollen*.

Borkumer Vogelwelt

Borkum hat Ornithologen einiges zu bieten. Mehr als 100 verschiedene Vogelarten brüten auf der Insel, noch mehr Arten verweilen hier während ihrer Durchreise. Die Festlandnähe und das im Wattenmeer reichlich vorhandene Nahrungsangebot bieten den Vögeln ideale Bedingungen. Gerade auf Borkum finden sich zusätzlich unterschiedliche Vegetationszonen, so daß nicht nur typische See- und Strandvögel, sondern auch auf dem Festland beheimatete Arten hier ein Revier finden.

Austernfischerkolonie

Greune Stee, Tüskendörsee sowie die feuchten Dünentäler im Bereich der Altdünen auf dem Ostland und in den Bantjedünen sind echte Vogelparadiese. In den Feuchtgebieten trifft man unter anderem zahlreiche Entenarten, *Rallen*, *Bekassinen* und *Brachvögel*. In den Wiesen und Außenweiden sind verschiedene Seeschwalbenarten zu finden, und mit dem *Austernfischer* der neben den Möwen wohl am häufigsten an der Wattenküste vertretene Vogel. Hier können auch *Säbelschnäbler* beobachtet werden, die mit ihren langen, aufwärts gebogenen Schnäbeln im Flachwasser von Tümpeln und Prielen jagen. Dabei stochert ein Säbelschnäbler nicht etwa im Wasser herum, sondern bewegt seinen Schnabel rasch hin und her, um auf diese Weise Kleingetier zu erwischen.

Im Dünen- und Strandbereich dominieren die *Möwen*. Die kleinste unter ihnen ist die *Lachmöwe*. Der etwa 40 Zentimeter große Vogel verdankt seinen Namen nicht etwa einem besonders humorigen Charakter; die Vorsilbe »Lach« bezieht sich vielmehr auf Wasserlachen, flache Seen und Tümpel, die zum bevorzugten Jagdrevier dieser einst überwiegend im Binnenland beheimateten Möwenart zählten. Mit dem zunehmenden Verlust ihrer binnenländischen Brutplätze ist die Lachmöwe auf Reviere an der Nordsee ausgewichen.

Sehr verbreitet ist die nur wenig größere *Sturmmöwe*, die etwa bis zur Mitte des 20. Jahrhunderts vor allem an der Ostsee anzutreffen war. Am häufigsten ist jedoch die größte hier anzutreffende Möwenart – die *Silbermöwe*. Sie wird bis zu 56 Zentimeter lang und 1,1 Kilogramm schwer. Ein Borkum-Besucher lernt sie meist schon während der Anreise kennen: Silbermöwen begleiten oft die Fährschiffe, mit denen sie manchmal so vertraut sind, daß sie von den Passagieren hingehaltene Brotstücke aus der Hand picken.

Der Flutsaum – Fundgrube des Strandes

Wie ein dunkles Band, geflochten aus Algenbüscheln, zieht sich die Linie des Flutsaums um die Insel. Je nach Strandstück, Seegang und Wetterlage verändert sich die Beschaffenheit dieses Gürtels. Stellenweise sind Algen und Tang zu filzigen Nestern und dichten Klumpen verdichtet, in denen allerlei zusammengeschwemmt ist: Muscheln, Krebspanzer, Schneckenhäuser und vieles mehr. Zwischen pflanzlichem und tierischem Treibgut findet sich manchmal etwas, was den Strandläufer begeistert. Zwar ist angeschwemmter Zivilisationsmüll häufiger anzutreffen als die klassische Flaschenpost oder die algenüberwucherte Piratenschatztruhe, aber sicher ist nur eines: Alles, was irgendwo an einer anderen Küste oder von einem Schiff ins Wasser fällt und schwimmt, wird irgendwann irgendwo angetrieben – manchmal auch auf Borkum. Vor allem nach Sturmtagen ist die Chance groß, verwertbares Strandgut zu finden.

Zu früheren Zeiten empfanden die Borkumer – wie übrigens die Küstenbewohner sicher aller Nationen – anläßlich eines Schiffsunglücks vor ihren Ufern nicht nur Mitleid mit der Besatzung, sondern freuten sich in erster Linie dabei über den unverhofften Segen auf ihrem Strand. In Anbetracht der zeitweise ausgesprochen ärmlichen Lebensumstände ist diese Haltung verständlich. Verwerten ließ sich bis hin zur Schiffsplanke annähernd alles. Jeder Balken war auf den baumarmen ostfriesischen Inseln eine begehrenswerte Beute. Längere Perioden ohne eine Strandung gefährdeten sogar die Existenz der Inselwirtschaft. Schließlich hatten die Borkumer das jeweilige Unglück nicht zu verantworten. Das Bergen von Gütern aus gescheiterten Schiffen erfolgte

Strandgutsammler

oft noch während eines Sturms und war daher nicht ungefährlich. Für dieses Risiko schien ein guter Bergelohn allemal gerechtfertigt.

Die übliche Regelung sah vor, daß ein Drittel des Bergeguts an den Landesherren, ein Drittel an den oder die Besitzer der Ladung ging und das letzte Drittel unter den Bergenden verteilt wurde. Ließ sich ein Besitzer nicht ausfindig machen, schlug man dessen Dritten Teil den Bergenden zu. Fast jeder Borkumer war dann am Ertrag beteiligt: Für jeden Helfer rechnete man einen Anteil, ebenso für jede Witwe auf der Insel. Der Pastor bekam zwei Teile (obwohl er nicht zur Mithilfe verpflichtet war), der Vogt erhielt sogar vier Teile. Allerdings unterlag der Vogt der unglücklichen Verpflichtung, den Anteil des Landesherrn vor begehrlichen Übergriffen anderer Insulaner schützen zu müssen. Außerdem verdächtigten ihn seine Mitbürger regelmäßig der Unterschlagung gemeinsam geborgener Güter.

Schwere Schiffsunglücke sind vor Borkum heutzutage glücklicherweise äußerst selten. Die Hauptschiffahrtswege liegen weiter seewärts als früher und sind durch die stark verbesserte Sicherheitstechnik risikoärmer zu befahren. Das Strandlaufen, »strandjen« genannt, ist auch ohne komplette Wracks im Flutsaum eine spannende Angelegenheit geblieben. Strandlaufen macht süchtig. Wen es gepackt hat, der muß nach einer windigen Nacht einfach hinausgehen und nachsehen, was die Wellen diesmal auf den Borkumer Strand getragen haben. Ein Gewinn ist dem Strandläufer dabei jedes Mal sicher: Am Strand genießt man Seeluft pur. Gesünder kann ein Spaziergang nicht sein.

Ebbe und Flut

Der stete Wechsel zwischen ab- und auflaufendem Wasser ist eines der faszinierendsten Naturphänomene der Nordseeküste. Das Gezeitenschema verläuft dabei nach einem exakten Plan, obwohl es sozusagen »nach dem Mond« geht: Es unterliegt dem Einfluß des Mondes auf die Weltmeere.

Die Anziehungskraft des Mondes bewirkt auf der ihm zugewandten Erdseite einen Flutberg, dem ein durch Rotationskraft verursachtes Pendant auf der entgegengesetzten Erdhälfte gegenübersteht. Zwischen den beiden Flutbergen bilden sich zwei Ebbetäler. Dem Mond folgend wandern Flut und Ebbe um die Erdkugel und wiederholen sich in der Zeit eines halben Mondumlaufs – genau alle 12 Stunden, 25 Minuten und 14 Sekunden.

Die Konstellation der Sonne zu Erde und Mond beeinflußt die Höhe der Tide. Liegen bei Neu- und Vollmond Erde, Sonne und Mond auf einer Achse, addieren sich ihre Anziehungskräfte. Die Folge ist eine Springtide mit höherem Hochwasser und geringerem Niedrigwasser. Stehen Erde, Sonne und Mond dagegen rechtwinklig zueinander, wie es bei Halbmond der Fall ist, heben sich die Anziehungs- und Fliehkräfte teilweise auf. Es kommt zu einer sogenannten Nipptide, bei der das Hochwasser niedriger als normal ausfällt und das Niedrigwasser weniger stark zurückweicht. Als Mitteltide bezeichnet man den Wert zwischen diesen beiden Extremen.

Strandsegler

Erreicht der Flutberg des Atlantischen Ozeans die Nordsee, rollt er als Welle auf Borkum und die Küste zu. Welcher Wasserstand letzten Endes vor der Insel erreicht wird, ist jedoch nicht allein von der Planetenkonstellation, sondern auch vom Wetter abhängig. Bläst der Flutwelle ein starker Ostwind entgegen, ist nicht mit Sturmfluten zu rechnen. Dramatisch wird es erst, wenn sich die Kräfte von Flutwelle und dauerhaft orkanstarkem Wind aus nordwestlicher Richtung vereinen. Dann beginnt das große Kräftemessen zwischen Nordsee und Deichen.

Laue Lüftchen und stürmische Zeiten

An der Waterkant weht meistens eine Brise. Dieses Phänomen ist schließlich ein wesentlicher Faktor des heilsamen Borkumer Seeklimas. Manchmal allerdings wird aus dem angenehm fächelnden Nordseewind ein brüllender Sturm, der einigen Spektakel verursachen kann. Wer wissen will, welche Windstärke ihn zaust, richtet sich nach den bewährten Meßkriterien des britischen Admirals und Hydrographen Sir Francis Beaufort (1774-1857):

Windstärke 0: Absolute Windstille. Rauch steigt senkrecht empor. Das Meer liegt spiegelglatt – ein um Borkum wohl äußerst seltenes Schauspiel. Die Windgeschwindigkeit (gemessen in einer Höhe von zehn Metern) bewegt sich zwischen 0-0,2 Meter/Sekunde.

Windstärke 1: Leiser Zug, gerade ausreichend, um Rauchsäulen zu bewegen. Fahnen hängen schlaff an den Masten, das Meer bewegt schaumlose Kräuselwellen. Windgeschwindigkeit 0,3-1,5 m/s.

Windstärke 2: Leichte Brise, auf der Haut fühlbar. Fahnen und Blätter bewegen sich, die Nordsee reagiert mit kurzen, ungebrochenen Wellen. Windgeschwindigkeit 1,6-3,3 m/s.

Windstärke 3: Schwache Brise. Sie streckt Fahnen, bewegt Blätter und Zweige. Auf See werden schaumgekrönte Wellenkämme sichtbar. Windgeschwindigkeit 3,4-5,4 m/s.

Windstärke 4: Mäßige Brise, die jedoch ausreicht, Staub und lose herumliegendes Papier (was es natürlich in einem sauberen Nordseeheilbad eigentlich gar nicht gibt) aufzuwirbeln und dünnere Äste zu bewegen. Die Nordseedünung wird länger, Schaumkronen verstärken sich. Windgeschwindigkeit 5,5-7,9 m/s.

Windstärke 5: Frische Brise. Kleine Bäume beginnen zu schwanken, das Meer trägt Schaumkronen. Windgeschwindigkeit 8,0-10,7 m/s.

Windstärke 6: Starker Wind bewegt auch starke Äste und pfeift an Telefonleitungen. Regenschirme sind schwierig zu handhaben (wozu auch, auf Borkum trägt man »Friesennerz«), am Ufer brechen schäumend die Wellenkämme. Windgeschwindigkeit 10,8-13,8 m/s.

Windstärke 7: Steifer Wind leistet dem gegenangehenden Wanderer spürbaren Widerstand, große Bäume geraten in Bewegung. Wellen türmen sich auf, von ihren Kämmen geblasene Schaumstreifen markieren die Windrichtung. Windgeschwindigkeit 13,9-17,1 m/s.

Windstärke 8: Stürmischer Wind bricht Zweige aus den Bäumen. Spazierengehen bei Gegenwind wird zur Kraftprobe. Auf der Nordsee schlagen Wellenberge Gischt und Schaum. Windgeschwindigkeit 17,2-20,7 m/s.

Windstärke 9: Der Sturm ist da, stark genug, um Ziegel von Hausdächern zu reißen. Die See beginnt zu rollen. Windgeschwindigkeit 20,8-24,4 m/s.

Windstärke 10: Schwerer Sturm entwurzelt Bäume und verursacht auch größere Schäden an Häusern, wie beispielsweise die Komplettabdeckung ganzer Dächer. Die Nordsee beginnt zu kochen – über den rollenden Wellenbergen schäumt es weiß, fliegende Gischt beeinträchtigt den Ausblick. Windgeschwindigkeit 24,5-28,4 m/s.

Windstärke 11: Orkanartiger Sturm. Diese Windstärke wird im Binnenland selten erreicht. Falls es doch einmal dazu kommt, muß man mit flächendeckenden Sturmschäden rechnen. Auf dem Meer bilden sich außergewöhnlich hohe Wellenberge, verstärkt sprühende Gischt vermindert zunehmend die Sicht. Windgeschwindigkeit 28,5-32,6 m/s.

Windstärke 12: Orkan. Die Elemente vermischen sich. Der Sturm peitscht das Meer derart, daß fliegende Gischt und Schaum die Luft durchsetzen. Fernsicht ist unmöglich und in den meisten Fällen auch nicht erforderlich: Wer nicht unbedingt muß, setzt sicher keinen Fuß vor die Tür. Hauptsache, es gibt noch genug Tee und Kluntjes im Haus. Ein Schuß Rum wäre auch nicht übel. Ein Orkan stürmt mit einer Windgeschwindigkeit ab 32,7 m/s – das entspricht einem Tempo von knapp 120 km/h (Umrechnungsfaktor: 1 m/s = 3,6 km/h).

Orkane auf See sind zu recht gefürchtet. Borkumer Sommergäste können in dieser Hinsicht jedoch ganz beruhigt sein. Windgeschwindigkeiten der Stärke 9 oder 10 blasen vornehmlich im Frühjahr, Herbst oder Winter – und selbst dann nicht alle paar Tage.

Surfer in Aktion

Platt am Watt – Sprachverwirrungen

Wenn zwei Borkumer Plattdeutsch sprechen, ist für den in dieser Hinsicht nicht besonders versierten Binnenländer kaum etwas bis gar nichts zu verstehen. Ein schlichtes »Moin!« glaubt jeder zu verstehen, ohne dabei zu ahnen, daß in diesem universellen Grußkürzel nicht das Wort »Morgen« steckt. Das »Moin!« beinhaltet einen »Schönen Morgen« ebenso wie einen »schönen Tag« oder »schönen Abend«, denn »moij« heißt »schön«.

Völliges Unverständnis in Sachen Plattdeutsch kann zu erheblichen Mißverständnissen führen. Wenn der Pensionswirt murmelt, man könne »Tochte« und »Küssen« haben, winkt nicht etwa ein amouröses Nordseeabenteuer mit der Juniorchefin, sondern der gute Mann bietet lediglich ein Bettuch (Tochte) nebst Kissen (Küssen) an.

Plattdeutsch ist nicht zu verwechseln mit friesischer Sprache. Friesisch war einst die Landessprache. Noch um das Jahr 800 herum wurde entlang der Nordseeküste von Flandern bis zur Grenze Jütlands sowie mehr oder minder tief landeinwärts Friesisch gesprochen, selbstverständlich mit Ausprägung lokaler Dialekte. Das Friesische ist keine deutsche Mundart, sondern eine eigenständige Sprache, ein Zweig der englisch-friesischen Spracheinheit, die aus dem Westgermanischen hervorgegangen ist, und am nächsten mit dem Angelsächsischen verwandt.

Im Zuge der Reformation verdrängte im Bereich der ostfriesischen Küste zwischen Weser und Ems das Plattdeutsche zunehmend die friesische Sprache. Etwa in der Mitte des 17. Jahrhunderts begann man in Norddeutschland und im lutherischen Teil Ostfrieslands, das Plattdeutsche zumindest im Amtsgebrauch und an den Schulen durch Hochdeutsch zu ersetzen. Emden, Borkum sowie andere calvinistisch-reformierte Bereiche Ostfrieslands gingen jedoch zur niederländischen Sprache über. Im 18. Jahrhundert betrug der niederländische Anteil unter den in Emden erschienenen Druckwerken bis zu 71 Prozent. Bis 1879 wurde in Emdener Kirchen holländisch gepredigt. Auf Borkum sprach man noch länger »Groninger Platt«. Noch heute benutzen die Borkumer viele Worte, die dem Niederländischen entnommen sind: Der berühmte »Elfürtje« (Elf-Uhr-Tee) ist ein Beispiel dafür, aber auch der »Poller« (neu eingedeichtes, angeschlicktes Marschland) oder der »Pottlot« (Bleistift). Ist dagegen von einem Füllfederhalter die Rede, ist die ebenfalls vorhandene Anlehnung an die englische Sprache unverkennbar: Dieses Schreibutensil heißt auf Borkumer Platt, very British, schlicht »Pennholder«.

Bis 1890 galt auf der Insel das Hochdeutsche als reine Amtssprache. Es ist daher verständlich, daß viele Borkumer während der Anfänge des Fremdenverkehrs auf der Insel um 1850 arge Bedenken hatten, ob zwischen ihnen und den »dütsen« Gästen überhaupt eine Kommunikation möglich sei.

Heute ist das Inselplatt auf Borkum durchaus noch in Gebrauch, aber im Umgang mit Hochdeutsch, anderen Dialekten und fremden Sprachen sind die Insulaner längst versiert – 150 Jahre Fremdenverkehr blieben da nicht folgen-

Krabbenkutter auf Fangfahrt

los. Wie verbreitet Plattdeutsch in Norddeutschland tatsächlich noch ist, stellt eine unlängst durchgeführte Umfrage unter Beweis. Die Befragung 2000 repräsentativ ausgewählter Bürger aus Schleswig-Holstein, Hamburg, Bremen, Niedersachsen und Westfalen ergab, daß immer noch 56 Prozent der Norddeutschen aktiv Plattdeutsch sprechen und gar 90 Prozent in der Lage sind, diese Sprache zu verstehen.

Wer die Gelegenheit hat, einmal einem längeren auf plattdeutsch geführten Gespräch zu lauschen, wird rasch ein vielleicht bis dahin gehegtes Vorurteil begraben, die Sprache der Küste würde nicht klingen. Als Paradebeispiel dafür mag ein schöner Satz gelten, der inhaltlich das Dilemma eines gescheiterten Liebespaares kommentiert: »Wenn hei nei son hart Hart hatt har, har hei hör hatt!« (Wenn er nicht so ein hartes Herz gehabt hätte, hätte er sie gehabt.)

Ostfriesische Hochgenüsse

Abwarten und Tee trinken – nach Ostfriesenart

Wenn die Engländer ihren berühmten »Five o'clock tea« schlürfen, leeren die Ostfriesen bereits die vierte Kanne. Tee ist *das* Nationalgetränk der Region, wie die Statistik eindrucksvoll beweist: Sieben Pfund Tee verbraucht ein Ostfriese durchschnittlich im Jahr – der Bundesdurchschnitt liegt gerade bei 220 Gramm.

Spätestens, wenn sie an einem kühlen Tag ordentlich windverblasen von einem Deich- und Dünenspaziergang in ihre Quartiere zurückkehren, lernen auch passionierte Kaffeetrinker ein angebotenes »Koppke« Tee zu schätzen. Überhaupt, Kaffee. Der wird weltweit bloß in Tassen oder Becher gegossen und getrunken – fertig. Echte Teeliebhaber entwickeln um ihr verehrtes Aufgußgetränk ein regelrechtes Zeremoniell, das gilt für Ostfriesland nicht weniger als für Japan.

Unverzichtbarer Bestandteil der ostfriesischen Teevariante ist natürlich die Mischung selbst, meist indischer Assam-Tee mit Beimischungen von Ceylon-, Sumatra- oder Darjeelingblättern. Für jede geplante Tasse berechnet man einen Löffel Tee, einen weiteren als Zugabe »für die Kanne«, die bereits vorgewärmt sein sollte. Das Wasser für den Aufguß muß sprudelnd heiß sein. Die Wasserqualität ist entscheidend für die Güte des Tees – mit steigender Wasserhärte sinkt die Chance, einen guten Geschmack zu erzielen, weswegen seltene Puristen am liebsten sauberes Regenwasser benutzen. Aufgegossen wird zunächst nur ein kleiner Teil des kochenden Wassers, gerade soviel, daß die Teeblätter bedeckt sind. Hat der Tee drei bis fünf Minuten gezogen, gießt man heißes Wasser in genau der Menge nach, die getrunken werden soll.

Zur ostfriesischen Teezeremonie gehört natürlich ein entsprechendes Service, am besten ein klassisches Design aus Reliefporzellan. In die Tasse, das »Koppke«, kommt ein Stück weißer Kandis, das »Kluntje«. Nun kommt der große Moment: Aus der Kanne ergießt sich ein heißer Teestrahl auf den Kandis, der knackend zerplatzt – allein schon dieses Geräusch steigert das Wohlbefinden. Des Kunstwerks finale Krönung bildet das »Wulkje«, ein Löffel flüssiger Sahne, die wolkig vom Tassengrund aufsteigt und nicht umgerührt werden darf, andernfalls gilt man als Banause.

»Drei Tassen sind Ostfriesenrecht«, sagt man und meint damit das Quantum pro Teepause. Davon gibt es mehrere täglich: Zum Frühstück, Mittag und Nachmittag sowieso, und vor allem natürlich den »Elfürtje«. Der Elf-Uhr-Tee ist den Ostfriesen mindestens so wichtig wie den Engländern der »Five o'clock«, und warum sollte man mit dem Genuß eines so schönen Getränks auch bis zum Nachmittag warten? Tee ist das Getränk, welches man Gästen anbietet, ob sie nun überraschend oder angemeldet zu Besuch kommen. Vernünftige Gespräche beginnen nicht, bevor die »Koppkes« auf dem Tisch oder zwischen den Händen dampfen. Geschäftliche Verhandlungen verlaufen beim Tee entspannter. Nachgießen, abtrinken oder den feinen Dampffäden hinterhersehen, die dem duftenden »Koppke« entsteigen – das verschafft in fast jeder Lebenslage Pausen der

Ein typisches norddeutsches Fischgericht

Besinnlichkeit. »Abwarten und Tee trinken« ist in Ostfriesland eben kein hohler Spruch, sondern Lebensphilosophie.

Suppe zum Anstoßen

Wer auf Borkum oder andernorts in Ostfriesland zu einer »Bohntjesopp« eingeladen wird und eine nahrhafte Hülsenfruchtsuppe erwartet, erlebt sein blaues Wunder. Nicht daß eine Bohntjesopp keinen Nährwert hätte: Die »Bohnen« sind Rosinen, und die haben es in sich. Die Rosinen werden drei Tage in Branntwein eingelegt, dann rührt man gelösten Kandis in das Gebräu. Serviert wird die »Suppe« im speziellen, henkellosen »Branntwienskoppke«, stilecht mit Löffel.

Bohntjesopp schlürft oder löffelt man gern bei Familienfesten und an Neujahr. Vor allem bei Feiern anläßlich einer Geburt oder Kindstaufe gilt die Suppe als Spezialität. Auf Borkum sollte man Bohntjesopp ruhig einmal ausgiebig probieren – hier fährt man ja in aller Regel sowieso nicht mit dem Auto.

Für Leib und Seele

Nordseeluft macht hungrig. Die ostfriesische Küche begegnet dieser Heraus-forderung mit einigen Spezialitäten, nach deren Genuß man sich befähigt fühlt, auch während eines mittleren Orkans noch senkrecht auf der Deichkrone stehen zu können. Bevor man sich jedoch vom Tisch erhebt, wäre es vielleicht

77

angezeigt, ein Gläschen »Friesenwein« (klarer Korn) oder »Friesenfeuer« (süßer Aufgesetzter, brennend serviert) zu sich zu nehmen.

Als einstiger Höhepunkt bäuerlicher Schlachtfeste galt das »Sniertjebraa«. Die Kreation aus fettem Nacken- und Schulterbraten wird mit Schweinefett allseits scharf angebraten und mit Zwiebeln, Pfeffer, Salz, Mehl und Sahne zubereitet.

»Speckendicken« ist kein Zustand, sondern eine Mehlspeise, die man vornehmlich im Winter und speziell an Silvester serviert. Der Teig wird aus Weizen- und Roggenschrotmehl mit Sirup, Eiern, Schmalz und Gewürzen (Zimt, Anis) angerührt, einige Tage gekühlt und dann mit einigen Scheiben Mettwurst in einem Waffeleisen gebacken. Übriggebliebenes Speckendicken kann durchaus noch am nächsten Tag kalt gegessen werden – falls man dann schon wieder Hunger hat.

»Labskaus« ist ein traditionelles Gericht der gesamten Nordseeküste. Pökelfleisch, Salzheringe, Zwiebeln und Rote Bete werden durch den Wolf gedreht und mit gekochten, zerstampften Kartoffeln, gekrönt von einem Spiegelei und einer Gewürzgurke, serviert. Früher galt Labskaus auch als typisches »Resteessen«, in dessen Komposition je nach Stand der Vorräte bestimmte Komponenten geschmacksweisend waren. Gut zubereitet, kann das Gericht durchaus mit vermeintlich edleren Speisen konkurrieren. Es schmeckt viel besser, als es aussieht!

Ebenfalls deftig und in etlichen Variationen zubereitet sind die zahlreichen Kohlgerichte, für die Ostfriesland berühmt ist. Wie auch immer die Wahl ausfällt: Handelt es sich um ein Grünkohlessen, muß ein Pinkel darin sein. Ein echter Pinkel hat eine geräucherte Füllung aus durchwachsenen Speck, Hafergrütze, Zwiebeln, Pfeffer und Salz.

Neben der bereits erwähnten Bohntjesopp, die ja eben doch keine Bohnen enthält, ißt man in dieser Region gern getrocknete Bohnen mit Speck oder große Bohnen mit Rauchfleisch – garantiert ohne Alkohol, den man aber selbstverständlich separat zu sich nehmen kann.

Natürlich ißt man auf Borkum auch viel Fisch. Klassiker wie »Pannfisch«, ein Fischomelett mit Kartoffelresten und gebratenem Speck, oder Hering in Sahnesoße sollte man sich nicht entgehen lassen. In den Monaten mit einem »r« am Ende kann man in Muschelgerichten schwelgen. Miesmuscheln sind überall zu bekommen und lassen sich auch einfach selbst zubereiten: Die Muscheln werden mit kaltem Wasser abgespült und gereinigt, dabei schließen sich die Schalen. Dann bedeckt man sie mit Flüssigkeit – von Wasser bis Weißwein mit Kräutern und Zwiebeln ist da alles möglich – und kocht sie solange, bis sich die Schalen geöffnet haben. Das Muschelfleisch ist nun gar und leicht zu entnehmen. Trotz des Kochvorgangs noch geschlossene Muscheln sollten nicht gegessen werden, sie könnten verdorben sein.

Im Mai/Juni locken gebratene Maischollen. Eine besondere Delikatesse sind die kleinen Nordseekrabben, die eigentlich als Garnelen zu klassifizieren sind und auf Borkum »Granat« genannt werden. Ob als Krabbencocktail, Beilage oder einfach auf einer Scheibe herzhaftem Schwarzbrot mit Butter – Krabben bieten in jeder Zubereitungsart einen Hochgenuß.

Als Störtebeker nach Ostfriesland kam

Vom Jadebusen bis zum Dollart säumt die »Störtebeker-Straße« die ostfriesische Festlandküste. Phantastische Geschichten von gekaperten Koggen, sagenhaften Schätzen und gruseligen Grausamkeiten kommen jedem Besucher Ostfrieslands eher früher als später zu Ohren. Und im Zentrum fast aller geheimnisumwitterten Berichte steht der legendäre Klaus Störtebeker.

Die Fama verfremdet vieles. Die Facetten des überlieferten Störtebeker-Bildes reichen vom Typus des blutrünstigen Rohlings bis zum edelmütigen Charakter eines Robin Hoods der Meere – es läßt sich eben alles mögliche behaupten über einen Mann, der seit 600 Jahren tot ist. Sicher ist nur, daß er tatsächlich existierte, seiner seeräuberischen Profession auch in ostfriesischen Gewässern nachkam und nach dem 20. Oktober 1401 auf dem Hamburger Grasbrook enthauptet wurde. Sogar das »Störtebeker« ist höchstwahrscheinlich nicht der Geburts-, sondern sozusagen ein Künstlername. Das auf Hochdeutsch soviel wie »Becherstürzer« bedeutende Pseudonym leitete sich angeblich aus der grandiosen Angewohnheit des trinkfesten Klaus ab, mehrmals täglich seinen enormen Bierkrug restlos zu leeren. Wer nun insgeheim denkt, das schaffe er schließlich auch, sei auf folgende Modalitäten hingewiesen: Störtebeker trank, ohne abzusetzen – und der Krug faßte sechs Liter.

Die Geschichte der »Vitalienbrüder« oder »Likedeeler« (»Gleichteiler«, alle Besatzungsmitglieder erhielten den gleichen Beuteanteil) begann eigentlich auf der Ostsee. 1389 ließ die dänische Königin Margarete I. ihre Truppen gegen Schweden vorgehen. Obwohl der Schwedenkönig Albrecht III. bald in Gefangenschaft geriet, widerstand die Stadt Stockholm hartnäckig der Belagerung, der Konflikt zog sich hin. König Albrecht war auch Herzog von Mecklenburg. Die Mecklenburger begannen nun ihrerseits gegen Dänemark vorzugehen, allen voran die Hansestädte Rostock und Wismar. In Ermangelung eigener Truppen besannen sich die Honoratioren auf ein ebenso probates wie preisgünstiges Mittel der Kriegsführung. Sie statteten eine Horde wilder Abenteurer mit Kaperbriefen aus. Der offizielle Auftrag lautete zwar, nur feindliche – also dänische – Schiffe anzugreifen, aber auf Dauer konnten die Piraten mit der Lizenz zum Kapern den Verlockungen der sich zahlreich bietenden Möglichkeiten, wohlbeladene Handelsschiffe anderer Nationalitäten kurzerhand aufzubringen, nicht widerstehen. Nachdem sich die Vitalienbrüder (Ableitung von »Viktualien« = Lebensmittel) auf Gotland einen strategisch günstigen Stützpunkt verschafft hatten, brachten ihre Aktivitäten den Ostseehandel während der 90er Jahre des 14. Jahrhunderts zeitweise fast zum Erliegen.

Am 21. März 1398 kam für die Vitalienbrüder mit der Landung eines Expeditionskorps des Deutschen Ritterordens das Ende der gotländischen Ära. In der Ostsee hatten sie fortan ausgespielt. Was lag also näher als ein Wechsel in die Gefilde der Nordsee? Ostfriesland bot mit zahlreichen Buchten, Kanälen und Flüssen eine Vielzahl geeigneter Schlupfwinkel, vor der Küste versprach die Schiffsroute zwischen Hamburg, Bremen und der Ärmelkanal-Region reiche

Beute. Besonders famos war jedoch die Tatsache, daß die lokale Obrigkeit sie nicht nur unbehelligt ließ, sondern sogar mit offenen Armen empfing. Während der sogenannten »Häuptlingszeit« (um 1350-1464) verteilte sich die Macht im Lande auf eine ganze Anzahl regionaler Herrscher, die sich in bunt wechselnden Allianzen befehdeten. Als sichtbares Zeichen ihrer bevorzugten Stellung galt meist ein Steinhaus, eine »Burg«, deren Errichtung den Friesen nach alten Rechtssatzungen untersagt war.

Beim Ausfechten nachbarschaftlicher Streitigkeiten waren die ostfriesischen Häuptlinge in der Wahl ihrer Mittel alles andere als zimperlich. Noch heute erzählt man schaudernd die Geschichte von Edo Wiemken, Häuptling der Herrschaft Jever. Als seine Schwester von ihrem Ehemann, dem Häuptling von Esensham, verstoßen wurde, nahm Wiemken seinen Schwager Husseke Hayen gefangen, ließ ihn wochenlang foltern und schließlich in zwei Hälften sägen – mittels eines feuchten Hanfseils.

Dieser sympathische Mensch soll als erster der Häuptlinge den Vitalienbrüdern Unterschlupf gewährt haben. Andere folgten bald seinem Beispiel. So soll Klaus Störtebeker die Tochter des Häuptlings Keno tom Brok geheiratet und den Kirchturm von Marienhafe zum Räuberhauptquartier gemacht haben. Die Leybucht reichte seinerzeit bis zur Kirche heran. Noch heute kursieren wunderbare Erzählungen von dem Störtebeker-Schiff, das unter vollen Segeln bis zur Kirche braust, um direkt am Gemäuer festzumachen. In der Marienhafer Kirche kündet ein sehenswertes Störtebeker-Museum von den finsteren Aktivitäten des prominenten Piraten.

Bessere Hilfstruppen als die Vitalienbrüder gab es nicht: Sie waren kampferprobt, mobil und versorgten sich selbst. Überdies füllte der Handel mit ihrem Beutegut manch leere Kriegskasse. Natürlich versuchten die Kaufleute der Hanse, gegen diese geschäftsschädigenden Praktiken vorzugehen. Doch kaum hatten ihre Soldaten und Unterhändler einen Häuptling in die Knie gezwungen und den Seeräubern so die Landbasis entzogen, heuerten die Piraten bei einem benachbarten Clanchef wieder an. Erst im April 1400 gelang einem hanseatischen Geschwader der entscheidende Schlag. In der Osterems vor Borkum stellte es drei Piratenschiffe. 80 von 200 Vitalienbrüdern wurden im Kampf getötet, weitere 25 später an Land gefangengenommen und nach kurzem Prozeß gehenkt.

Unter den wenigen, denen die Flucht gelang, befanden sich auch die berüchtigten Anführer Godeke Michels und Klaus Störtebeker. Doch ihre Tage waren gezählt. 1401 nahmen die Hamburger Störtebeker gefangen, im Jahr darauf auch Godeke Michels. Irgendwann nach dem 20. Oktober 1401 schlug des sagenhaften Störtebekers letztes Stündlein, gemeinsam mit 72 seiner Kumpanen. Und wer überhaupt je irgendetwas über diese Inkarnation eines Piraten gehört hat, weiß von seinem finalen Pokerspiel mit dem Scharfrichter: Störtebeker bot an, nach seiner Enthauptung noch die Reihe seiner angetretenen Kameraden entlangzulaufen – wen er derart passiert hätte, sollte der Todesstrafe entgehen. Scharfrichter Rosenfeld schlug erst ein – dann zu und mußte erleben, wie sich der kopflose Pirat in Bewegung setzte. Als Mann der Praxis

Ansicht der Kirche zu Marienhafe im Jahre 1829

verlor Rosenfeld jedoch nicht die Übersicht. Er stellte Störtebeker ein Bein (was für den Piraten aus naheliegenden Gründen unmöglich zu sehen war) und setzte so dem Spuk ein krachendes Ende.

Immerhin – das sicherlich ereignisreiche Leben des Klaus Störtebeker endete mit einer Erinnerung an Ostfriesland, wenn man an die Authentizität seiner angeblich letzten Worte vor der Exekution glauben mag:

> *Ich ertrage die langsam berechnende Weise nicht, wie Ihr klug und schlau, ja mit List Euren Reichtum zusammenscharrt, von dem niemand einen Nutzen hat, wenn Ihr in Eurem Wohlleben auch noch so ernst und ehrbar dreinschaut. Dieses erinnert mich an ein Bild, das ich an der Kirchenwand in Marienhave abkonterfeit sah: Der Fuchs steht auf der Kanzel und predigt den Leuten Moral, Gehorsam und Frömmigkeit. Ich aber griff kühn hinein und nahm rasch, während Ihr spekulierend zu Werke geht. Eure Weise lobt die Welt, weil sie nicht hinter Eure Schliche zu sehen vermag; meine Weise zu nehmen verurteilt sie, und doch bleibt sich die Sache auf ein Haar gleich.*

Schatzsuche auf Borkum

Wie es sich für den Mythos eines berüchtigten Piraten gehört, sagt man auch Klaus Störtebeker nach, zu Lebzeiten gewaltige Schätze in diversen Verstekken deponiert zu haben. Die Kunde von angeblich früher schon gefundenen

Reichtümern aus Störtebekerschem Besitz gaben solchen Spekulationen stets neue Nahrung. Der Mast seines Schiffes sollte mit Gold ausgegossen gewesen sein, Schatzverstecke sollte es bei Marienhafe und auf Wangerooge geben – und selbstverständlich auch auf Borkum, wie ein altes Inselmärchen bestätigt: Onnen Visser galt als der seinerzeit ärmste Junge auf Borkum. Sein seefahrender Vater war im Atlantik ertrunken, die Mutter zumeist krank und auf die Unterstützung des Sohnes angewiesen, der beide mühsam mit Hilfsarbeiten durchbrachte. Völlig klar, da half nur noch ein Wunder.

Als Onnen eines Tages Trübsal blasend am Nordseeufer saß, entdeckte er plötzlich auf einer Sandplate den alten Meergott Ekke Nekkepenn nebst dessen höchst ansehnlicher Töchterschar, die sich beim Ballspiel vergnügte. Nach einer Weile flog der Ball versehentlich Richtung Ufer, wo er direkt vor dem bis dahin unentdeckt gebliebenen Onnen ausrollte. Der war zwar arm, aber als echter Borkumer Junge natürlich nicht dumm und witterte sofort ein Geschäft. Als eine hübsche Meermaid angeschwommen kam und den Ball verlangte, fragte Onnen also: »Was bekomme ich dafür?«

Das maritime Fräuleinwunder lockte: »Erst den Ball zurückgeben, danach gibt's Störtebekers Schatz zur Belohnung!«

Von dem sagenhaften Piratenschatz hatte man auf der Insel schon immer gemunkelt. Wo man ihn suchen mußte, wußte allerdings niemand. Überwältigt von dem in Aussicht gestellten Reichtum gab Onnen den Ball heraus. »Bis morgen!« hauchte die neckische Nixe und verschwand kapriziös kichernd in den Nordseewellen.

Nach einer schlaflosen Nacht fieberte Onnen Visser seinem Rendezvous mit der Wasserfrau entgegen. Tatsächlich hielt sie Wort und erschien mit einem verwitterten Brett, auf dessen bemalter Seite sich mühsam der Vers entziffern ließ:

»Indien de Woldedünen kunnen spreken,
soll het Borkum noit an Geld gebreken.«

Die Woldedünen also. Die waren allerdings groß, und das gab Onnen auch zu bedenken. Ekke Nekkepenns Tochter gab ihm daraufhin zwei leere Schnekkenhäuser. »Wenn du die in die Ohren steckst, kannst du die Sprache aller Tiere verstehen, das erleichtert die Schatzsuche.«

Mit dieser kurzen Konversation endete die Bekanntschaft zwischen Inselbewohner und Wasserwesen, doch für Onnen begann jetzt erst das eigentliche Abenteuer. Die nächste Nacht sah ihn lauernd auf den Woldedünen. Die Schneckenhäuschen steckten weisungsgemäß in seinen Ohren und übertrugen die Unterhaltung der zwischen dem Strandhafer hoppelnden Kaninchen: »Ja, ja, nun ist es soweit! Heute nacht sollen wir den ganzen Schatz umlagern. Die alte Stelle ist verraten worden. Was für eine Plackerei!«

Und schon entdeckte der Lauscher eine große Schar Kaninchen, die alle zwischen ihren Zähnen einen Teil des Schatzes davontrugen: Teller, Pokale, goldenene Ringe und andere Kostbarkeiten. Brüllend stürzte Onnen aus seinem Versteck. Erschrocken ließen die Kaninchen ihre Last fallen und nahmen Reißaus. Onnen Visser sammelte die Beutestücke auf, zog mit seiner beglück-

Straßencafés in Borkums Fußgängerzone

ten Mutter nach Emden, kaufte dort ein großes Haus und blieb fortan aller Finanzsorgen ledig.

Natürlich hatte er nur einen Bruchteil des Schatzes gefunden. Störtekers Piratenschatz liegt also mutmaßlich weitgehend vollständig in den Woldedünen irgendwo zwischen »Greuner Stee« und Bahnlinie, sofern ihn die Kaninchen nicht noch nachträglich verschleppt haben. Grund genug, um die Hoffnung nicht aufzugeben, daß vielleicht doch noch einmal jemand fündig wird. Jedenfalls gilt auch bei der Schatzsuche das schöne Motto, daß der Weg das eigentliche Ziel ist – die Suche kann schließlich Spaß machen. Und falls auf einem Spaziergang durch die Woldedünen ein entgegenkommender Wanderer Ihren freundlichen Gruß nicht erwidert, seien Sie nicht erbost – wahrscheinlich hat er Schneckenhäuser in den Ohren.

Drei Ausflüge zum Festland

Emden – der Seehafen an der Ems

Wer auf Borkum Urlaub macht, hat – sofern er nicht über Holland anreiste – schon bei der Einschiffung einen kurzen Eindruck von Emden gewonnen. Die wahren Schätze der 50 000-Einwohner-Stadt sind dabei natürlich nicht zu entdecken, doch läßt sich auf einem Tagesausflug einiges davon nachholen.

Emden verfügt über den viertgrößten Seehafen der Bundesrepublik. Schon zur Zeit Karls des Großen (747-814) fungierte es als kleine friesische Handelsniederlassung. Wesentlicher Wirtschaftsfaktor ist der Hafen noch immer. Allein auf den hiesigen Werften sind 2500 Menschen beschäftigt. Die starke Verästelung des Hafenbeckens ist für den Ortsfremden verwirrend. Eine Besichtigung beginnt zweckmäßigerweise im Herzen der Stadt, am Ratsdelft. Es markiert den historischen Verlauf der Ems und war der mittelalterliche Hafen Emdens. An dessen einstiger Einfahrt steht am Westufer des Ratsdelft noch das 1635 vom Stadtbaumeister Martin Faber erbaute »Emder Hafentor«. An der Delfttreppe liegen die Hafenrundfahrt-Boote, so daß die weiträumige Erkundung des Seehafens im Anschluß möglich ist.

Größter Arbeitgeber Emdens ist jedoch nicht eine Werft, sondern das Volkswagenwerk mit etwa 11 500 Arbeitsplätzen. In Emden baut man den VW Passat – alle 45 Sekunden ein Exemplar. Da wundert es nicht, daß Emdens

Blick in den Ratsdelft mit Feuerschiff und Rathaus

Die Harnische der Emder Bürgerwehr in der Rüstkammer

Hafen in bezug auf den Autoumschlag sogar die Spitzenposition innerhalb Europas einnimmt.

Nach der Hafenrundfahrt empfiehlt sich ein Besuch des ehemaligen Feuerschiffes »Deutsche Bucht«. Es liegt seit 1984 im Ratsdelft unterhalb des Rathauses – immer noch in offizieller Mission: Es dient als Schiffahrtsgeschichtliches Museum und enthält unter anderem die wohl älteste intakte Feuerschiffsmaschinenanlage, Baujahr 1914-18. Ein »Kajütenrestaurant« gibt es hier übrigens ebenfalls.

Neben der »Deutschen Bucht« liegt ein weiteres maritimes Denkmal. Der einstige Seenotrettungskreuzer »Georg Breusing« ist zu besichtigen, sehenswert sind die nautischen Anlagen, die Maschine und die Unterkünfte der Besatzung.

Natürlich bietet Emden weit mehr als Hafenanlagen und Schiffahrt. Direkt am Delft steht bereits mit dem Rathaus die erste nicht-maritime Sehenswürdigkeit. Leider ist es nicht mehr der Renaissancebau aus dem 16. Jahrhundert. Emden wurde während des Zweiten Weltkriegs zu annähernd 80 Prozent zerstört, auch das historische Rathaus fiel den Bomben zum Opfer. In den jetzigen Bau aus den 50er Jahren integrierte man jedoch das alte Portal sowie eine erhaltene Eingangstür.

Im Emder Rathaus befindet sich das Ostfriesische Landesmuseum, dessen Besuch allein schon einen Ausflug in die Stadt lohnt. Es zeigt Schätze wie die erste Landkarte Ostfrieslands von 1589, Hafen- und Fischerbootmodelle (Emden war der erste deutsche Heringshafen), frühgeschichtliche Funde und

Gemälde holländischer Meister. Glanzstück des Landesmuseums ist jedoch die berühmte Rüstkammer mit der umfangreichsten und vollständigsten historischen, stadteigenen Waffensammlung Deutschlands.

Im Rathaus kann man sich nicht nur einen Überblick über Emdens Vergangenheit verschaffen, sondern auch das städtische Treiben der Gegenwart beobachten. Vom Rathausturm bietet sich ein herrlicher Ausblick auf die Innenstadt, Bereiche der historischen Schutzwallanlagen, auf denen wunderschöne Spaziergänge möglich sind, und den Hafen.

Eines der wenigen erhaltenen baulichen Zeugnisse aus der Zeit des 16. Jahrhunderts ist das »Pelzerhaus« in der Pelzerstraße 12, unweit des Delft. Das 1585 erbaute Renaissance-Bürgerhaus an der einstigen mittelalterlichen Pelzhändlerstraße beherbergt wechselnde Ausstellungen und eine Teestube.

Geht man am Pelzerhaus vorbei in Richtung Westen, erreicht man die Ruine der Großen Kirche. Seit 1240 stand die Kirche hier mehr oder weniger unversehrt, bis sie nach über 700 Jahren durch Bombenangriffe des Zweiten Weltkriegs in einen Trümmerhaufen verwandelt wurde. Zur Reformationszeit galt Emden als ein Zentrum des Calvinismus, da es zahlreichen niederländischen Glaubensflüchtlingen als Zufluchtsort diente. Man bezeichnete die Große Kirche als die »Moederkerk« des nordwesteuropäischen Calvinismus. Die Stadt erlebte eine wirtschaftliche und kulturelle Blüte.

Der Turm wurde nach dem Krieg wieder restauriert, ebenso die monumentale Eingangswand im Antwerpener Renaissance-Stil, die ursprünglich Cornelius Floris 1560-63 baute. Neben der Ruine entstand in der Nachkriegszeit ein neuer Kirchenausbau.

An der Fußgängerzone nordöstlich der Großen Kirche steht »Dat Otto Huus«, Große Straße 1. Dieses Humor-Disneyland bezieht sich auf die Karrierestationen des prominenten Komikers Otto Waalkes, der aus Emden stammt. Wem der Zappelfriese auf die Nerven geht, muß hier einen Bogen machen. Wer hineingeht, hat sicher seinen Spaß.

Ein weiterer prominenter Sohn der Stadt ist der ehemalige »Stern«-Chefredakteur und Herausgeber Henri Nannen. Seiner Initiative verdankt Emden die grandiose Kunsthalle, die trotz ihres jungen Alters (eröffnet am 3. Oktober 1986) bereits einen internationalen Ruf besitzt. Auf etwa 2000 Quadratmetern Ausstellungsfläche präsentiert man eine ausgesuchte Sammlung von Werken der klassischen Moderne und zeitgenössischer Kunst. Grundstock der Ausstellung ist die von Nannen gestiftete Privatsammlung mit Arbeiten von Emil Nolde, Ludwig Kirchner, Oskar Kokoschka, Paula Modersohn-Becker und vielen anderen. Zusätzlich finden regelmäßig Sonderausstellungen statt. Es gibt eine Cafeteria sowie eine Malschule für Kinder und Jugendliche.

Falls nach derartig geballtem Kulturgenuß ein Spaziergang lockt, bietet sich ein Gang auf dem Wall an. Gleich hinter der Kunsthalle führt die Boltentorstraße auf die 1606-16 unter der Regie des Festungsbaumeisters Geert Evert Piloot erbaute Anlage. Zehn Bastionen, »Zwinger« genannt, sicherten einst den Wall. Den exponierten Platz auf diesen Zwingern nutzte man im 19. Jahrhundert teilweise als Grundstück für Windmühlen. Wendet man sich auf

Die Kunsthalle in Emden

dem Wall nach Osten, gelangt man zu einem vollständig restaurierten Exemplar eines dreistöckigen Galerieholländers: »De Vrouw Johanna« heißt diese Windmühle, die seit 1804 hier steht.

Ist der Halbkreisgang auf dem Wall vollzogen, findet man auf der Höhe des Falderndelft außerhalb der Festungsanlage ein weiteres technisches Wunderwerk – die Emder Kesselschleuse. Europas einzige Vier-Kammer-Schleuse verbindet vier Kanäle miteinander und steht mittlerweile unter Denkmalschutz.

Innerhalb des Walls steht an der Brückstraße die Neue Kirche, die so neu allerdings auch wieder nicht ist. 1643-48 führte Martin Faber ihren Bau aus. Der T-förmige Grundriß der Neuen Kirche wurde der Amsterdamer »Grooten Kerk« nachempfunden. Auch diese Kirche erlitt während des Krieges massive Schäden. Sie wurde jedoch wieder aufgebaut.

Im Viertel südlich der Neuen Kirche und des Falderndelfts finden sich noch geschlossene Ensembles alter Bürgerhäuser, die an das Stadtbild des Vorkriegs-Emden erinnern. Über Kran- und Faldernstraße erreicht man wieder das Rathaus. In der nahegelegenen Fußgängerzone kann der Ausflug nach Emden in einem der zahlreichen Cafés oder Restaurants einen geruhsamen Ausklang finden.

Adressen in Emden

Hafenrundfahrten: Delfttreppe, März bis Anfang November. Anmeldung für Gruppen Tel. 04921/897260.

Museumsfeuerschiff »Deutsche Bucht«: Im Ratsdelft, Tel. 04921/20094, geöffnet 1. April – 31. Oktober Mo.-Fr. 10.00-13.00 Uhr u. 15.00-17.00 Uhr; Sa., So. 11.00-13.00 Uhr.

Seenotrettungskreuzer »Georg Breusing«: Im Ratsdelft, Tel. 04921/20541, geöffnet 1. April – 31. Oktober tgl. 10.00-13.00 Uhr u. 15.00-17.00 Uhr.

Ostfriesisches Landesmuseum mit Emder Rüstkammer: Neutorstraße (Rathaus), Tel. 04921/22855, geöffnet 1.4. – 14.6. und 16.9. – 30.9. Mo.-Fr. 10.00-13.00 Uhr u. 14.00-17.00 Uhr; Sa., So. 11.00-13.00 Uhr. 15.6. – 15.9. Mo.-Fr. 10.00-13.00 Uhr u. 14.00-17.00 Uhr; Sa., So. 11.00-17.00 Uhr. 1.10. – 30.3. Di.-Fr. 10.00-13.00 Uhr, Sa., So. 11.00-13.00 Uhr.

Pelzerhaus: Pelzerstraße 12, Tel. 04921/25335, geöffnet Di.-Fr. 10.00-12.00 Uhr u. 14.00-17.00 Uhr; Sa., So. 11.00-13.00 Uhr.

Dat Otto Huus: Große Straße 1, Tel. 04921/22121, geöffnet Mo.-Fr. 9.30-18.00 Uhr, Sa. 9.30-13.00 Uhr (verkaufsoffener Sa. bis 16.00 Uhr), zusätzlich von 1. April – 31. Oktober So. 10.00-16.00 Uhr.

Kunsthalle Emden: Hinter dem Rahmen 13, Tel. 04921/20995, geöffnet Di. 10.00-20.00 Uhr, Mi.-Fr. 10.00-17.00 Uhr; Sa., So. 11.00-17.00 Uhr. Während eines Ausstellungswechsels kann die Kunsthalle für ca. eine Woche geschlossen sein!

Windmühle »De Vrouw Johanna«: Marienwehrster Zwinger (Wall), Besichtigung von außen jederzeit möglich. Führungen für Gruppen nach Absprache unter Tel. 04921/87303.

Westmole in Emden mit »Hafenfeuer«

Leer – das Tor Ostfrieslands

Wer sich aus der Richtung des Ruhrgebiets der Nordseeküste nähert, erreicht als erste größere ostfriesische Stadt Leer (32 000 Einwohner). Obwohl eigentlich im Binnenland gelegen, ist Leer aufgrund seiner Lage zwischen der hier noch gut schiffbaren Ems und dem Fluß Leda auch für die Binnen- und Seeschiffahrt von Bedeutung.

Wie Emden läßt sich auch Leer bereits zur Zeit Karls des Großen nachweisen. Um 780 wirkte in dieser Gegend der Missionar Liudger, der in »Hleri« (Leer) eine bescheidene Holzkapelle auf einem Hügel errichtete. Der eigentliche Aufstieg zum bedeutenden Ort begann im 15. Jahrhundert mit dem Bau einer später zerstörten Häuptlingsburg, der Fockenburg des mächtigen Focko Ukena. Nun begann sich allmählich die günstige Verkehrslage der Stadt wirtschaftlich auszuzahlen. 1508 erhielt Leer Marktrecht, der Handel erlebte großen Aufschwung.

Leer erlitt bei weitem nicht so gravierende Kriegszerstörungen wie Emden. So blieben viele bauliche Zeugnisse früherer Zeiten erhalten. Um das Rathaus herum, in den alten Straßenzügen der Rathausstraße, Königstraße, Mühlenstraße, Brunnenstraße und Neuen Straße stehen alte Bürgerhäuser, Handelsniederlassungen und ehemalige Packhäuser.

Das Rathaus selbst ist »erst« 100 Jahre alt. Es entstand 1894 nach einem Entwurf des Aachener Professors Henrici, der die Fassade im deutsch-niederländischen Renaissancestil gestaltete. Dem Rathaus gegenüber steht jedoch eines der schönsten Gebäude der Stadt. Das »Haus Samson«, gebaut 1643, befindet sich seit mehreren Generationen im Besitz der Familie Wolff, die hier eine Weinhandlung betreibt. Das »Haus Samson« ist nicht allein von außen sehenswert. In den oberen Stockwerken hat die Familie Wolff im Laufe der Jahre ein beachtliches Privatmuseum eingerichtet, das einen lebendigen Eindruck der ostfriesischen Wohnkultur des 18. und 19. Jahrhunderts vermittelt.

An der Neuen Straße, auf dem freien Platz am Hafen, steht die ehemalige Waage. Dieses 1714 zweigeschossig errichtete Barockhaus wurde in seiner ursprünglichen Funktion noch bis 1946 genutzt. Heute ist es im Besitz des lokalen Vereins für Heimatschutz und Heimatgeschichte und beherbergt die Gaststätte »Zur Waage«, in der die traditionelle ostfriesische Küche gepflegt wird. Es lohnt sich, über die Bruchbrücke (trotz des wenig vertrauenerweckenden Namens: sie hält!) auf die andere Seite des Hafens zu wechseln. Das sich bietende Panorama auf Hafen, Waage und Rathaus ist den Abstecher wert.

Genauere Informationen über die Geschichte Leers und der umliegenden Region verschafft ein Besuch des Heimatmuseums in der Neuen Straße. Das Haus selbst ist bereits über 200 Jahre alt. Glanzstück der Ausstellung ist unter anderem die Abteilung »Ostfriesische Wohnkultur«.

Erhaltene Zeugen ostfriesischer Häuptlingtradition in Leer sind einige Burgen. Diese Häuptlingssitze sind jedoch von der Art ihrer Architektur nicht mit den Burgbauten an Rhein oder Mosel vergleichbar, deren Aussehen man

Das Leeraner Rathaus

gemeinhin mit dem Begriff »Burg« verbindet. Die ostfriesischen Häuptlings-
burgen sind eher mit großen Landsitzen oder Gutshäusern vergleichbar. Unweit des Heimatmuseums steht die Haneburg, die zu den wenigen erhaltenen
und vollständig renovierten Renaissanceburgen Ostfrieslands gehört. Der
Häuptling Joest Hane ließ sie 1621 errichten. Heute beherbergt sie die Volks-
hochschule Leer, den »Rittersaal« im Obergeschoß nutzt der Landkreis für
Empfänge und Tagungen.
Als Wohnhaus in privater Hand ist die Hardewykenburg. Der efeuumrankte,
zweigeschossige Backsteinbau sieht absolut nicht mehr wie ein Wehrbau aus,
doch als Häuptling Hajo Unken die Burg 1573 gründete, umgab ein mittlerweile verschütteter Wassergraben das Haus. Die Hardewykenburg liegt an der
Alten Marktstraße, gegenüber der Einmündung der Hajo-Unken-Straße.
Etwas außerhalb des Stadtkerns liegt die Evenburg im Ortsteil Loga, deren
älteste Bauteile um 1650 entstanden. Ihr erster Besitzer, Oberst Ehrenreuter
konzipierte sie von Beginn an nicht als Verteidigungsanlage, sondern als
Wohnschloß. Das Wasserschloß wurde im 19. Jahrhundert neugotisch umge-
baut. Der Park, die barocke Vorburg von 1765 und die vorgelagerte Allee bieten
ein stimmungsvolles Ziel für einen Spaziergang.
Dokumente der frühen geistigen Liberalität der Stadt sind die vier alten

Blick in die Altstadtgassen von Leer

»Haus Samson« in Leer

Hauptkirchen unterschiedlicher Konfession. Die evangelisch-lutherische Lutherkirche am Marktplatz »Große Bleiche« wurde um 1675 erbaut und später mehrfach erweitert. Der 1764-66 entstandene achteckige, von einer barocken Spitze gekrönte Turm ist auf einen grauen, quadratischen Unterbau aufgesetzt. Die evangelisch-reformierte Kirche, die »Große Kirche«, (gebaut 1785-87) steht am Kirchgang. Ihr Grundriß ist einem griechischen Kreuz nachgebildet. Zwischen Lutherkirche und Großer Kirche liegt die katholische Kirche St. Michael (erbaut 1785-87), die eine kupferne Zwiebelhaube krönt. Zu ihrer Innenausstattung gehört ein romanischer Taufstein aus dem 12. Jahrhundert. Die Mennonitenkirche an der Ecke Norderstraße/Faldernstraße ist die vierte Hauptkirche der Stadt.

Die älteste Kirche Leers ist jedoch nur noch rudimentär erhalten. Auf dem Gelände des heutigen Friedhofes zwischen Plytenberg und Westerende stand dieses um 1200 erbaute Gotteshaus, das 1785 nach erheblichen Sturmschäden abgebrochen werden mußte. Einzig die zweischiffige, gewölbte Krypta blieb bestehen. 1955 baute man sie zur Gedenkstätte für die Opfer beider Weltkriege aus.

Der neun Meter hohe Plytenberg, südlich der Krypta gelegen, ist eine geheimnisvolle Angelegenheit. Er ist mit Sicherheit künstlich angelegt. Ob seine Funktion allerdings die einer heidnischen Kultstätte, eines Seezeichens oder eines Grabmals war, ist bislang ungeklärt.

Über die Funktion eines sehr viel jüngeren Bauwerks braucht dagegen nicht spekuliert zu werden. Das Leda-Sperrwerk südöstlich des Stadtrandes, 1954 in Betrieb genommen, hat die Aufgabe, das Hinterland vor Hochwasser zu schützen. Über den Ledadeich führt ein Wanderweg bis zur Seeschleuse, deren Einrichtung den See- und Binnenhafen Leers tideunabhängig hält. Der Blick auf dieses »Tor zur See« beschließt den Stadtbummel durch das »Tor Ostfrieslands«.

Adressen in Leer

Fremdenverkehrsverein Leer (Stadtführungen) Reise- und Verkehrsbüro Leer, Am Denkmal, Tel. 0491/61071.

Hafenrundfahrten: Ab Anleger an der Waage.

»Haus Samson«: Rathausstraße 18, geöffnet während der Ladengeschäftszeiten.

Heimatmuseum: Neue Straße 12-14, Tel. 0491/2019, geöffnet Di.-Fr. 10.00-12.00 Uhr u. 15.00-17.00 Uhr, So. 11.00-12.30 Uhr.

Haneburg: Haneburgallee, Besichtigung des Gebäudes nur nach vorheriger Vereinbarung mit dem Landkreis Leer, Tel. 0491/83264.

Evenburg: Evenburgallee, Besichtigung ist Mo.-Fr. zwischen 10.00-18.00 Uhr möglich.

Leda-Sperrwerk: Osseweg, Führungen Di. 15.00-16.00 Uhr nach Vereinbarung mit dem Sperrwerksmeister, Tel. 0491/12064.

Holland – Borkums Nachbar

Borkum liegt näher an der niederländischen als an der deutschen Küste, die Fährzeit zwischen Eemshaven und der Insel währt nur knapp halb so lange wie die Passage Borkum-Emden – Grund genug, einen Abstecher nach Holland zu unternehmen. Mehr als die Mitnahme eines gültigen Personalausweises ist an Formalitäten nicht nötig.

Nach der Ankunft in Eemshaven ist die nächstgelegene größere Stadt das Emden am Dollart gegenüberliegende Delfzijl. Das seit 1277 urkundlich belegte Delfzijl hat 25 000 Einwohner und ist mittlerweile Hollands drittgrößte Hafenstadt. Nahegelegene Erdgasvorkommen sowie umfangreiche Salzlager in der Gegend von Winschoten haben diese Entwicklung begünstigt.

Delfzijl ist Teil der niederländischen Provinz Groningen. Die Provinzhauptstadt gleichen Namens (168 000 Einwohner) ist von Borkum kaum weiter entfernt als Emden, liegt jedoch nicht an der Küste. Trotzdem kann sie durch den Emskanal von Seeschiffen bis zu 2000 Tonnen angelaufen werden. Groningen wurde um das Jahr 1000 erstmals genannt, gehörte bereits 1282 dem Kaufmannsbund der Hanse an, ist Bischofssitz (seit 1559), Universitätsstadt (seit 1614) und heute auch eine moderne Industriestadt, an wirtschaftlicher Bedeutung landesweit nur von Amsterdam, Rotterdam und vielleicht Eindhoven übertroffen. Mittelpunkt der Stadt ist der Grote Markt, von dem aus man am günstigsten Rundgänge unternimmt. An dessen Westseite steht das Rathaus aus dem 19. Jahrhundert mit einem modernen Anbau (1962). Gleich hinter dem Rathaus liegt das doppelgiebelige »Goudkantoor«, das 1635 gebaute Goldkontor. Wahrzeichen Groningens ist der 93 Meter hohe Turm der Martinikerk. Die gotische Kirche aus dem 15. Jahrhundert befindet sich an der Nordostecke des Groten Markt.

Für die kleinen Bummelpausen finden sich rund um den Markt genügend Cafés und Restaurants – ein »Kopje Koffie« mag für manchen Ausflügler eine willkommene Abwechslung zum »Tee mit Kluntjes« sein.

Touristeninformation:

VVV Groningen, Naberpassage 3, 9712 JV Groningen, Tel. 050/139700 (von Deutschland aus: 0031/50/139700).

Adressen-ABC

Die einheitliche Postleitzahl für die Insel Borkum ist 26757.

Ärzte
Kurärzte:

Dr. med. Klaus Brockötter (praktischer Arzt), Hindenburgstr. 4, Tel. 04922/854, Mo-Fr. 9.00-12.00 Uhr u. 15.00-17.00 Uhr, Mi. nachmittags geschlossen.

Dr. med. Monika Harms (Allergologin), Bismarckstr. 13, Tel. 04922/666, Mo.-Fr. 9.00-12.00 Uhr u. 15.00-17.00 Uhr, Mi. nachmittags geschlossen.

Dr. med. Hartmut Schulte (Allgemeinmedizin, Chirurgie), Wiesenweg 21, Tel. 04922/2044, Mo.-Fr. 9.00-12.00 Uhr u. 16.00-18.00 Uhr, Mi. nachmittags geschlossen, ansonsten nach Vereinbarung.

Dr. med. Hans Zühlke/Dr.med. Helmer Zühlke (Allgemeinmedizin), Hindenburgstr. 7, Tel. 04992/555, Mo.-Fr. 9.00-12.00 Uhr u. 15.00-17.00 Uhr, Mi. nachmittags geschlossen, ansonsten nach Vereinbarung.

Fachärzte:

Dr. med. Holger Aulepp (Dermatologie, Allergologie), Klinik Borkum Riff der BfA, Tel. 04922/302-163, Sprechstunde nach Vereinbarung.

Dr. med. Peter Lübcke (Innere Medizin), Leitender Arzt der Klinik Borkum Riff der BfA, Tel. 04922/302-161, Sprechstunde nach Vereinbarung.

Dr. med. Norbert Pöschke (Internist, Allergologie, phys. Therapie-Sozialmedizin), Chefarzt der Knappschaftsklinik, Tel. 04922/301-401, Sprechstunde nach Vereinbarung.

Zahnärzte:

Dr. Karl Biel, Reedestr. 18, Tel. 04922/3313, Mo.-Fr. 8.00-12.00 Uhr u. 15.00-18.00 Uhr, Mi. nachmittags geschlossen.

Dr. med. dent. Clemens Eickhoff, Kirchstr. 1a, Tel. 04922/2425 od. 4300, Mo.-Fr. 9.00-12.00 Uhr u. 15.00-18.00 Uhr, Mi. nachmittags geschlossen.

Günther Meier, Am Westkaap 16, Tel. 04922/1253, Mo.-Do. 8.00-12.00 Uhr u. 15.00-18.00 Uhr, Fr. 8.00-12.00 Uhr und nach Vereinbarung.

Angeln

Angeln in den Küstengewässern ist erlaubt. Vor den Buhnen, im Hafen und natürlich auf Angelfahrten gibt es für gute Fänge Gelegenheit (Aal, Dorsch, Seeteufel, Scholle, Makrele, Grundhai, Krabbenfischerei im Watt). Der Könner fängt Schollen sogar ohne Angel: Beim sogenannten »Butt petten« ertastet er den im Schlick eingegrabenen Plattfisch mit nackten Füßen und klemmt ihn mit dem Standbein ein. Virtuosen schaffen diese Übung gleichzeitig mit beiden Beinen.

Für das Fischen im Hoppschlot, dem Vereinsgewässer des Borkumer Sportfischervereins, benötigt man Sportfischerpaß und Gastkarte, Kontakt: SFV Borkum, Tel. 04922/701.

Hochseeangelfahrten, MS »Eltra«, Ausflugsfahrten Ebeling, Inselrundfahrtsbüro Am langen
Wasser, Tel. 04922/1694 od. 4959, Kartenvorverkauf 10.00-11.00 Uhr, Voranmeldung
erforderlich.

Apotheken

Insel-Apotheke, Am Bahnhof, Tel. 04922/3500.
Kur-Apotheke, Bismarckstr. 8, Tel. 04922/819.
Nordsee-Apotheke (mit Reformhaus), Neue Str. 2, Tel. 04922/818.

Autos

siehe Kapitel »Urlaub ohne Stau – die fast autofreie Insel«

Babysitterdienst

Tel. 04922/303-294.

Baden

15 Kilometer Sandstrand bieten reichlich Bademöglichkeiten. Baden ist nur in den gekennzeichneten Bädern am Nord- und Südstrand, im Jugendbad und am FKK-Strand zu
bestimmten (tidebedingten) Zeiten erlaubt.
Meerwasser-Wellen-Hallenbad
Kurpark, Tel. 04922/303-298, geöffnet Mo.-Do. 8.30-12.00 Uhr u. 14.00-19.00 Uhr, Fr.
8.30-12.30 Uhr u. 14.00-20.00 Uhr, Sa. 8.30-12.30 Uhr u. 14.00-19.00 Uhr, So.
9.00-12.00 Uhr, letzter Einlaß jeweils 45 Minuten vor Schließung.

Bibliotheken

Kurbibliothek Kurhalle, Tel. 04922/2662, geöffnet Mo., Mi., Fr. 16.30-18.30 Uhr.
Evangelisch-Reformiertes Gemeindehaus, Tel. 04922/3998, geöffnet Sa. 11.00-11.45 Uhr.
Bücherei im Gemeindehaus »Arche« (Evangelisch-Lutherisches Gemeindehaus), Tel.
04922/2253, geöffnet Di. 10.00-12.00 Uhr, Mi. 16.00-18.00 Uhr, Do. 17.30-20.00 Uhr,
So. 11.00-12.00 Uhr.

Buchhandlungen

H. Begemann, Franz-Habich-Str. 3, Tel. 04922/4798.
Borkumer Bücherstube, Obere Strandstr. 47, Tel. 04922/4370.
Insel-Buchhandlung, Bismarckstr. 8, Tel. 04922/4282.
Manfred Richter, Am Georg-Schütte-Platz, Tel. 04922/4900.
Werner Richter, Franz-Habich-Str. 23, Tel. 04922/1301.

Busverbindungen

Mehrmals täglich vom Busbahnhof zum Hafen, Flugplatz, FKK-Strand und Ostland. Zwischen Ende Oktober und Ende März wird die Ostland-Linie nicht bedient. Fahrpläne und Auskünfte am Bahnhofs-Fahrkartenschalter, Tel. 04922/3090.

Camping

Außerhalb der offiziellen Plätze ist Camping auf Borkum nicht gestattet.
Camping-Aggen, Ostland 1, Tel. 04922/2215.
Insel-Camping, Hindenburgstr. 114, Tel. 04922/1088.

Fähren

Tarifinformationen und Buchungen für die Linien Borkum-Emden und Borkum-Eemshaven bei
Reederei AG Ems, Emden-Außenhafen, Tel. 04921/890722, Fax 04921/890742.
Großgaragen und Abstellplätze für Kraftfahrzeuge sind sowohl in Emden als auch in Eemshaven in Anlegernähe vorhanden.
Garage Emden, Tel. 04921/890741; Garage Eemshaven, Tel. 0031/5961/6084.

Fahrradverleih (Auswahl)

Jan van Gerpen, Parkplatz Am langen Wasser, Tel. 04922/1268.
Ilse Steemann, Kirchstr. 16, Tel. 04922/1480.

Feuerschiff Borkumriff

Nationalpark-Informationszentrum, Liegeplatz im Schutzhafen, Tel. 04922/2030.

Feuerwehr

Notruf 112.

FKK

Der 1200 Meter breite FKK-Strand liegt im Norden der Insel, etwa fünf Kilometer vom Ort entfernt und ist mit dem Bus erreichbar.

Flugplatz

Befestigte Start- und Landebahn der Klasse 2 mit Nachtbefeuerung, zugelassen für Flugzeuge bis 7500 Kilogramm, ganzjährig geöffnet. Flugleitung Tel. 04922/3848.

Flugunterricht

Flugschule Kaiser, Flugplatz Borkum, Tel. 04922/3838, Fax 04922/4327. Motorflugausbildung, Nachtflug, Funksprechlehrgänge.

Flugverbindungen

Informationen über Transfer- und Anschlußflüge erteilt:
OFD Ostfriesischer Flug-Dienst, Borkum Tel. 04922/686 od. 1038; Buchungsstelle Emden Tel. 04921/8992-0, Fax 04921/8992-22.

Fundbüro

Rathaus, Neue Str. 1, Zimmer 6, Tel. 04922/303-224.

Gepäckdienst

Für Bahnreisende empfiehlt sich der Haus-zu-Haus-Gepäckbeförderungsservice der Deutschen Bahn AG. Einen Service zur Beförderung des Handgepäcks ab Anleger Borkum-Reede bis zur Ferienunterkunft und retour bucht man bei der Borkumer Kleinbahn unter Tel. 04922/30914.

Hafen

Boots- und Yachthafen; tideunabhängig, auch bei Schlechtwetter, Tel. 04922/3880. Hafenmeister Schutzhafen (der Schutzhafen darf von Privatbooten nur in Notfällen angelaufen werden), Tel. 04922/3440.

Heimatmuseum »Dykhus«

Roelof-Gerritsz-Meyer-Straße (beim Alten Leuchtturm), Tel. 04922/4860, geöffnet Mai bis September: Di.-Sa. 10.00 Uhr-12.00 Uhr u. 16.00-18.00 Uhr, So., Mo. geschlossen. Oktober bis April: Di. und Fr. 15.00-18.00 Uhr.

Hotels

Bruns-Hotel, Reedestr. 2, Tel. 04922/3420.
Ferien-Hotel Jägerheim, Ostfriesenstr. 110, Tel. 04922/2760 od. 1092, Fax 04922/1093.
Hotel Atlantik, Bismarckstr. 6, Tel. 04922/835, Fax 04922/4927.
Hotel »Der Insulaner«, Neue Str. 42, Tel. 04922/518.
Hotel Graf Waldersee, Bahnhofstr.6, Tel. 04922/1094, Fax 04922/7188.
Hotel »Haus Borkum«, Hindenburgstr. 8, Tel. 04922/4790, Fax 04922/3127.
Hotel »Kleine Möwe«, Kirchstr. 31, Tel. 04922/2177.
Hotel Rummeni, Am Georg-Schütte-Platz, Tel. 04922/2337 od. 3868, Fax 04922/3809.
Hotel Poseidon, Bismarckstr. 40, Tel. 04922/811, Fax 04922/4189.
Hotel »Strandvilla Najade«, Randzelstr. 17-21, Tel. 04922/1441.
Hotel »Zum Hanseaten«, Deichstr. 35a, Tel. 04922/615 od. 1536, Fax 04922/7421.
Nautic-Hotel Upstalsboom, Goethestr. 18, Tel. 04922/304-0, Fax 04922/304911.
Nordsee-Hotel, Bubertstr. 9, Tel. 04922/3080, Fax 04922/308113.
Seehotel Upstalsboom, Viktoriastr. 2, Tel. 04922/2067, Fax 04922/7173.
Strandhotel Ostfriesenhof, Jann-Berghaus-Straße, Tel. 04922/707-0, Fax 04922/3133.

Hotels garni

Haus Passat, Goethestr. 28, Tel. 04922/2416.
Hotel »Haus am Park«, Bahnhofstr. 5, Tel. 04922/2277 od. 2511, Fax 04922/7282.
Hotel Inselhof, Strandstr. 47, Tel. 04922/2142.
Hotel »Villa Daheim«, Rektor-Meyer-Pfad 4, Tel. 04922/537, Fax 04922/7112.
Strandvilla Janine, Strandstr. 38, Tel. 04922/3272, Fax 04922/7223.
Villa Ems, Am Georg-Schütte-Platz 9, Tel. 04922/795, Fax 04922/3445.

Hunde

An den ausgewiesenen Strandabschnitten (Nord-, Süd- und FKK-Strand) dürfen Hunde mitgebracht werden, ansonsten sind sie an der Leine zu führen.

Inselbahn

Die Inselbahn verkehrt von März bis Oktober zwischen dem Anleger Borkum-Reede und dem städtischen Bahnhof. Eine zusätzliche Haltestelle ist am Jacob-van-Dyken-Weg. Informationen erteilt die Borkumer Kleinbahn Dampfschiffahrt GmbH, Tel. 04922/3090, Fax 04922/30934.

Jugendherberge

Jann-Berghaus-Str. 63, Tel. 04922/579.

Kinderkiste

im Kurmittelhaus (Kurpark). Kurse, Musik, Spielstube – jede Menge Kurzweil für die »Kurzen« von drei bis zehn Jahren, auch bei schlechtem Wetter, Tel. 04922/303-294. Saisonbedingte Öffnungszeiten!

Kinderspielplätze

am Süd-, Nord- und FKK-Strand (Mai–September)

Kino

Kur-Filmtheater, Tel. 04922/2467.

Kirchen

Evangelisch-Reformierte Kirche, Rektor-Meyer-Pfad, Tel. 04922/3998.
Evangelisch-Lutherische Kirche, Goethestraße (am Neuen Leuchtturm), Tel. 04922/2253.
Katholische Kirche, Kirchstr. 20, Tel. 04922/3905.
Neuapostolische Kirche, Reedestr. 22, Tel. 04922/3280.

Krabbenfang-Fahrten

Ausflugsfahrten Ebeling, Inselrundfahrtsbüro Am langen Wasser, Tel. 04922/1694 od. 4959.
Kartenvorverkauf tägl. 10.00-11.00 Uhr, Voranmeldung erforderlich.
Borkumer Kleinbahn und Dampfschiffahrts GmbH, Tel. 04922/3090.

Krankenhaus

Städtisches Krankenhaus Borkum, Gartenstr. 20, Tel. 04922/303-247.

Krankengymnastik

Auskunft im Kurmittelhaus, Tel. 04922/303-298.
Silke Schneeberger, Strandstr. 5, Tel. 04922/4412 .
Ingrid Wagenknecht, Franz-Habich-Str. 3, Tel. 04922/1559.

Krankentransporte

Tel. 04922/2100.

Kurhalle am Meer

Strandpromenade. Lesehalle, Trinkkurhalle, Bibliothek, Spielcasino.

Kurkliniken

Knappschaftsklinik, Boeddinghausstr. 28, Tel. 04922/301-0.
Klinik Borkum Riff der BfA, Hindenburgstr. 126, Tel. 04922/302-0.
Klinik für Dermatologie und Allergie Borkum, Jann-Berghaus-Str. 49, Tel. 04922/708-0.
Nordseeklinik Borkum der LVA Rheinprovinz, Jann-Berghaus-Str. 49, Tel. 04922/305-0.

Kurmittelhaus

Kurpark (im Gebäude des Meerwasser-Wellen-Hallenbads), Tel. 04922/303-298. Sauna, Solarium, Liegehalle.

Kurverwaltung

Am Neuen Leuchtturm, Goethestr. 1, Tel. 04922/303-0, Fax 04922/3833.

Leuchtturmbesteigungen

Alter Leuchtturm: Neue Besichtigungszeiten werden festgelegt, siehe Aushang am Turm oder Kurverwaltung, Tel. 04922/303-0.
Neuer Leuchtturm: Geöffnet im Sommer täglich 10.30-11.30 Uhr u. 15.00-16.30 Uhr, außerhalb der Saison Di., Fr., So. 15.00-16.30 Uhr.

Minigolf

Zwei Anlagen stehen an der Hindenburgstraße und an der Franzosenschanze zur Verfügung.

Nationalpark Wattenmeer

Das Informationszentrum befindet sich auf dem Feuerschiff Borkumriff.

Nordsee-Aquarium

Promenade am Südstrand (Sonnenterrasse), Tel. 04922/303-0; geöffnet ganzjährig täglich 10.00-12.00 Uhr u. 14.00-17.00 Uhr.

Post

Bismarckstraße, Tel. 04922/881, geöffnet Mo.-Fr. 9.00-12.30 Uhr u. 15.00-18.00 Uhr, Sa. 9.00-12.30 Uhr, So. 11.00-12.00 Uhr.

Ornithologische Führung Tüskendörsee

Ausfugsfahrten Ebeling, Inselrundfahrtsbüro Am langen Wasser, Tel. 04922/1694 od. 4959.

Ortsführungen

Bucki Begemann, Tel. 04922/4798, Fax 04922/4301.

Polizei

Am Georg-Schütte-Platz 1, Tel. 04922/3950 oder Notruf 110.

Rathaus

Neue Straße 1, Tel. 04922/303-0.

Reiten

Reitstall Jütting, Gödecke-Michel-Str. 11, Tel. 04922/2478. Reitunterricht für Anfänger, Geländeritte für Fortgeschrittene, Pensionspferde.
Reit- und Fahrclub Borkum e.V., Stefan Pohl, Ankerstr. 6, Tel. 04922/4895; Pensionspferde (ganzjährig).

Seehundsbänke

Ausflugsfahrten Ebeling; Inselrundfahrtsbüro Am langen Wasser, Tel. 04922/1694 od. 4959,

Kartenvorverkauf tägl. 10.00-11.00 Uhr, Voranmeldung erforderlich.
Borkumer Kleinbahn und Dampfschiffahrt Gesellschaft m.b.H, Tel. 09422/3090.

Segeln

Im Juli/August findet alljährlich eine Regatta mit Hafenfest statt, Informationen Tel. 04922/3880.

Spielcasino

In der Kurhalle am Meer (Strandpromenade). Mini-Roulette, Slot-Machines, Black-Jack, Poker. Täglich geöffnet von April bis Oktober 11.00-23.00 Uhr, Nov. bis März 14.00-22.00 Uhr.

Strandzelte

sind zu buchen über den »Verein Borkumer Strandzeltvermieter e.V.«, Postfach 2264. Formulare können auch über die Kurverwaltung bezogen werden.

Taxi

Taxistände befinden sich am Bahnhof, am Anleger Borkum-Reede und am Flugplatz, Tel. 04922/1001.

Tennis

Tennisanlage Borkum, Bismarckstraße, Tel. 04922/529, Fax 04922/2249, ganzjährig geöffnet, vier Aschenplätze, zwei Allwetterplätze, zwei Hallenplätze.

Volksläufe

Zwischen März und Oktober veranstaltet der TuS Borkum eine Volkslauf- und Volkswanderserie. Informationen unter Tel. 04922/1663 od. 3762.

Wattwanderungen

Ausflugsfahrten Ebeling, Inselrundfahrtsbüro Am langen Wasser, Tel. 04922/1694 od. 4959. Sonderführungen für Kinder unter acht Jahren, Verleih von Wattstiefeln.
H.P. Wegmann / Sluiter, Kartenvorverkauf u. Treffpunkt: Bahnhof, Tel. 04922/3090 od. 671.

Wasserski

Windsurfing Borkum, Surfschule am Nordstrand, Tel. 04922/2299.

Wettertelefon

Tel. 04922/303-316 (April bis Oktober).

Windsurfing

Windsurfing Borkum, Surfschule am Nordstrand, Tel. 04922/2299; Schnuppersurfen, Surfkurse, Reparatur, Vermietung.

Zeitung

Borkumer Zeitung und Badezeitung, W. Specht, Tel. 04922/1055.

Zimmernachweis

Verkehrsbüro, Am Bahnhof, Tel. 04922/841.

Index